비행기 모형 제작의 교과서
레시프로기 편

타미야 1/48 걸작기 시리즈

CONTENTS

비행기 모형 제작의 교과서 레시프로기 편
타미야 1/48 걸작기 시리즈

> 1/48 스케일(축척)로 전 세계의 다양한 걸작 항공기 키트를 발매하고 있는 타미야 「타미야 1/48 걸작기 시리즈」. 그 시리즈로 라인업된 레시프로기(reciprocating plane, 왕복엔진을 탑재한 항공기)에 초점을 맞추어 다양한 모형 제작 테크닉을 소개합니다.
> 이번에 How to를 보여드릴 모형으로는 걸작기 시리즈 중에서도 많은 분께 꼭 추천하고 싶은 명작 중의 명작들을 골라 선정했습니다. 비행기 모형 제작을 시작해보려고 하는 분이라면 꼭 한 번 만들어보셨으면 싶은 키트들입니다. 이 책은 기본 공작에 중점을 두고 키트 그 자체를 순수하게 즐겨보자는 테마로 구성했습니다. 이 책을 발판으로 삼아 다양한 비행기 모형을 즐겨보시길 바랍니다.

1/48 걸작기 시리즈, 비행기 모형을 처음 만드는 분께……
비행기 모형 제작을 준비해보자! 조립 기본 편 ······ P.004

비행기 모형 제작을 편하게 해주는 공구&재료 ······ P.008

타미야 1/48 걸작기 시리즈의 세계로 날아가 보자

KAWASAKI Ki-61-Id HIEN(TONY)
KIT REVIEW 카와사키 삼식 전투기 히엔 I형 정(丁) 해설 / 시게루 ······ P.016
캔 스프레이 위주 도색으로 히엔 I형 정을 완성해보자! 제작 / 하야시 텟페이 ······ P.018

MITSUBISHI A6M5/5a ZERO FIGHTER(ZEKE)
KIT REVIEW 미츠비시 영식 함상 전투기 52형/52형 갑(甲) 해설 / 시게루 ······ P.026
BADGER 에어브러시 시스템으로 비행기 모형을 칠할 수 있을까? 제작 / 켄타로 ······ P.028

ILYUSHIN IL-2 SHTURMOVIK
KIT REVIEW 일류신 IL-2 슈트르모빅 해설 / 시게루 ······ P.036
월간 하비 재팬 편집부의 도전!! 비행기 모형을 붓도색으로 즐겨보자!! 제작 / 이토 다이스케 ······ P.038

MESSERSCHMITT Bf109 G-6
KIT REVIEW 메서슈미트 Bf109G-6 해설 / 켄타로 ······ P.044
당신도 최고의 구스타프를 손에 넣을 수 있습니다! 제작 / 하야시 텟페이 ······ P.046

VOUGHT F4U-1A CORSAIR

KIT REVIEW 보우트 F4U-1A 해설 / 시게루 ·· P.054
역갈매기 날개의 걸작기를 타미야 하이퀄리티 키트로 즐겨보자! 제작 / 켄타로 ·············· P.056

De Havilland Mosquito FB Mk.VI/NF Mk.II

KIT REVIEW 드 해빌랜드 모스키토 FB Mk.VI/NF Mk.II 해설 / 시게루 ················· P.062
「한번은 꼭 만들어보고 싶은 걸작 키트 모스키토」의 제작 절차를 살펴 보자!! 제작 / 나이토 요시카즈 ······ P.064

MITSUBISHI ISSHIKIRIKKO TYPE 11

KIT REVIEW 미츠비시 일식 육상 공격기 11형 해설 / 시게루 ························ P.074
거대한 키트를 단숨에 척척 만들어보자!! 제작 / 쵸토쿠 요시타카 ························ P.076

NORTH AMERICAN P-51B MUSTANG
REPUBLIC P-47D THUNDERBOLT "BUBBLETOP"

KIT REVIEW 노스 아메리칸 P-51D 머스탱 해설 / 시게루 ···························· P.082
KIT REVIEW 리퍼블릭 P-47D 썬더볼트 "버블탑" 해설 / 시게루 ······················ P.084
폭격기의 장거리 호위기로 활약한 무훈기를 제2차 세계대전 후기의 은색으로 칠해보자 제작 / 하루조노 엔자쿠 ··· P.086
박력 넘치는 썬더볼트를 아름다운 은색 도색과 데칼 작업으로 마무리하자! 제작 / 욘케이 ·············· P.092

번외편 제2차 세계대전 당시에 등장했던 제트기도 만들어보자! ············· P.098

KIT REVIEW 메서슈미트 Me262 A-1a 해설 / 시게루 ······························ P.100
KIT REVIEW 하인켈 He162 A-2 "샐러맨더" 해설 / 시게루 ························· P.102

월간 하비 재팬 편집부의 도전 제2차 세계대전의 제트기를 만들어 비교해보자! 제작 / YAS&탄 후미토시 ······ P.104

타미야 1/48 걸작기 시리즈 레시프로기 카탈로그 ·································· P.108

TAMIYA 1/48 SCALE AIRCRAFT SERIES

1/48 걸작기 시리즈
비행기 모형을 처음 만드는 당신에게…

비행기 모형 제작 준비를 해보자!

조립 기본편

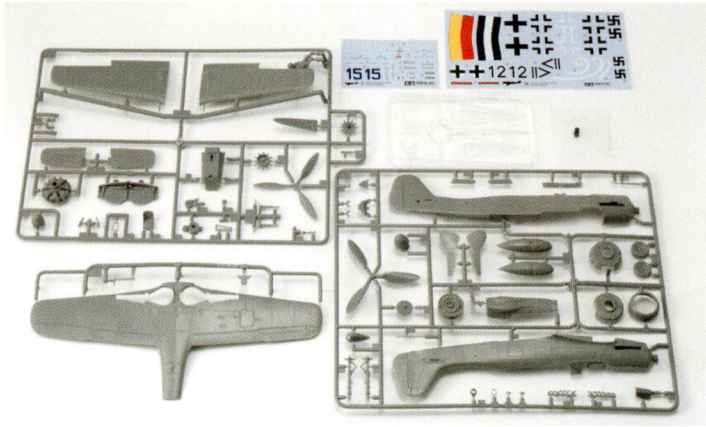

타미야 1/48 걸작기 시리즈 중에서 만들어보고 싶은 키트를 처음으로 구입해 흥분한 상태인 당신. 여기서는 그런 당신을 위해서 모든 키트의 기본이 되는 「조립」의 기본을 소개하겠습니다. 도색 등은 앞으로 계속될 How to 기사를 참조해주세요. 일단 키트 상자를 열어봅시다!

▶부품이 들어가 있는 틀이 런너, 오른쪽 위의 종이 시트 같은 것이 마킹을 재현하는 데칼입니다. 데칼은 물에 담가서 들뜨면 부품에 붙여서 사용하는 습식 데칼입니다.

조립 설명서를 체크!

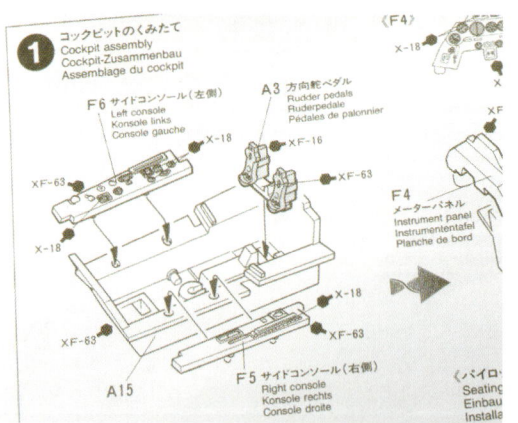

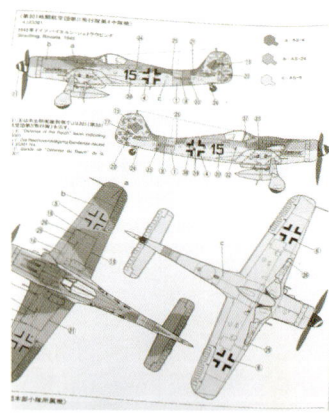

▲키트의 조립 설명서 첫 페이지. 여기에는 기체에 대한 해설이 게재돼 있어서 해당 기체에 대한 기초적인 지식을 얻을 수 있습니다. 제작하기 전, 제작 중 쉬는 시간 등에 읽어보세요.

▲제작 개시… 부품 그림 주위에 여러 가지 기호가 있습니다. 처음에는 조금 혼란스러울 겁니다. 먼저 「A○○」이나 「F○○」이라는 것은 키트의 부품이 달려 있는 런너의 종류와 런너 안의 번호를 뜻합니다. 「A3」이면 A런너의 3번 부품이라는 의미입니다. 또한 검은 도형에 「X-18」 등의 표시는 타미야 도료의 컬러 넘버로, 이 색을 칠하는 것을 추천한다는 뜻입니다.

▲다음으로 체크할 것이 바로 도색 가이드. 어째서? 라고 생각할 수도 있지만, 사실은 어느 도색&마킹 패턴으로 만들지에 따라서 사용하는 부품이 달라지기도 합니다. 자신이 어떤 패턴으로 만들지 미리 정해두면 부품을 잘못 붙이는 일을 막을 수 있습니다.

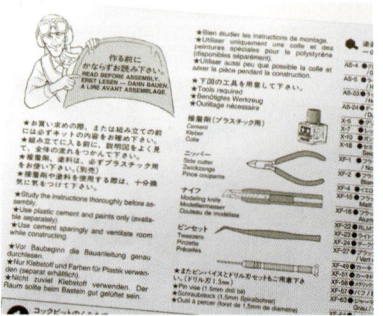

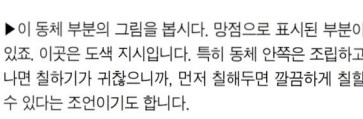

◀반드시 읽어주세요 아저씨의 주의사항. 여기에는 필요한 공구나 컬러 등이 실려 있습니다. 특히 여기에 소개된 기본 공구는 꼭 준비해주세요.

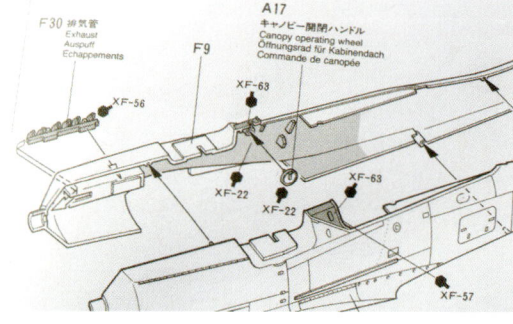

▶이 동체 부분의 그림을 봅시다. 망점으로 표시된 부분이 있죠. 이곳은 도색 지시입니다. 특히 동체 안쪽은 조립하고 나면 칠하기가 귀찮으니까, 먼저 칠해두면 깔끔하게 칠할 수 있다는 조언이기도 합니다.

004

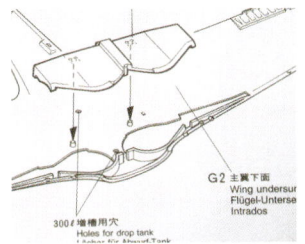
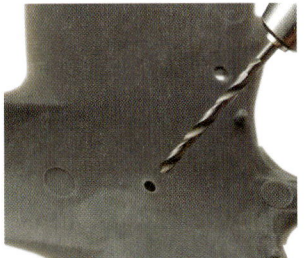
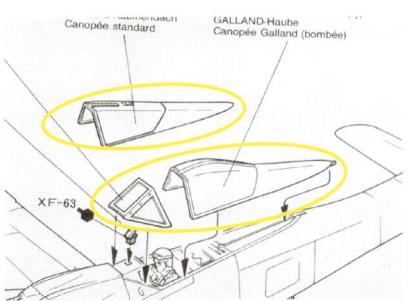

▲의외로 놓치기 쉬운 것이 「구멍」을 뚫는 표시입니다. 이런 부분은 주변에 주의사항이 적혀 있기도 하니, 펜 등으로 마킹해서 표시해두면 좋습니다.

▲구멍을 뚫는 부분에는 구멍이 뚫려 있거나 미리 표시된 부분도 있습니다. 뚫을 때는 이렇게 드릴을 사용해 주세요.

▲이렇게 부품의 선택을 지시하는 부분도 잘 확인해주세요. 어떤 부품을 사용할까? 캐노피를 열어둘까, 닫아둘까 등을 미리 결정한 다음 조립합니다.

▲이 키트처럼 실물 크기의 도색 가이드가 포함되는 경우도 있습니다. 보다 자세한 도색 패턴을 확인할 수 있고, 도색 가이드의 위장 패턴을 잘라서 마스킹에 활용할 수도 있습니다.

부품 잘라내기가 아주 중요합니다

▶부품을 잘라냅니다. 런너와 부품을 연결하는 부분을 게이트라고 하는데, 이 게이트를 약간 남기고 잘라줍니다. 니퍼 날은 끝부분보다 중간 부분이 힘이 균등하게 들어가고 깔끔하게 잘립니다.

타미야 샤프 포인트 니퍼를 추천!

◀그럼 부품을 잘라봅시다! 부품 잘라내기는 정말 중요해서, 잘 잘리는 니퍼로 깔끔하게 잘라주기만 해도 완성도가 크게 달라집니다. 타미야의 이 샤프 포인트 얇은 날 니퍼(게이트 절단용)(3,132엔)은 섬세한 부품을 잘라내기에 특히 더 좋으니, 하나쯤 꼭 마련해보세요.

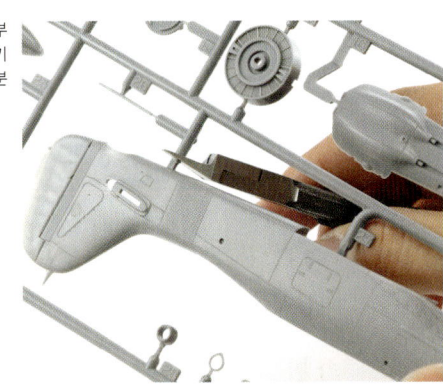

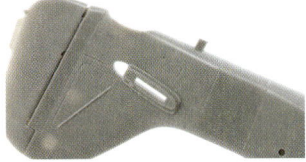

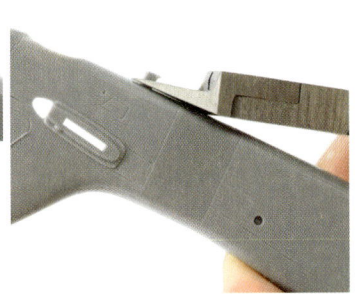

아트나이프를 사용한다

▲게이트를 약간 남기고 자른 상태입니다.

▶남겨둔 게이트를 잘라줍니다. 니퍼와 부품을 잘 말착시키고, 자릅니다. 이렇게 두 번에 나눠서 잘라주면 보다 깔끔하게 잘라낼 수 있습니다.

◀클리어 부품 등 섬세한 가공이 필요할 부분은, 남긴 게이트를 아트나이프로 잘라주면 깔끔합니다. 또한 니퍼로 자른 뒤에 게이트가 지저분하게 남았을 때도 아트나이프로 다듬어주세요.

접착제를 구분해서 사용하자!

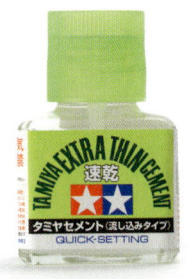

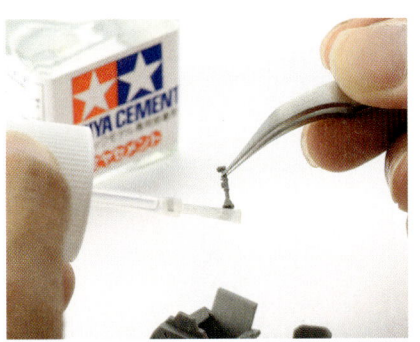

▲키트는 기본적으로 접착제를 사용해서 조립합니다. 접착제에는 흘려 넣는 타입(왼쪽)과 어느 정도 점도가 있고 뚜껑과 일체화된 붓으로 처덕처덕 칠하는 것(오른쪽) 두 종류를 주로 사용합니다.

▲하얀 뚜껑의 점도가 있는 접착제는 이렇게 작은 부품을 붙일 때 편리합니다. 접착하는 축이나 접착면에 콕콕 묻혀주고 접착합니다. 그리고 이런 작은 부품을 잡을 때는 핀셋이 필요합니다!

▲흘려 넣는 접착제는 동체나 날개 접합에 적합합니다. 이것은 날개 부품. 이렇게 위아래를 서로 붙이게 되어 있습니다.

◀부품이 맞물린 부분을 접착제를 적신 붓 끝으로 콕 찍어주면 접착제가 흘러 들어갑니다. 접착제가 삐쳐 나오는 부분이 적고 깔끔하게 접착할 수 있습니다.

▶동체 부품도 이렇게 부품을 맞대고 흘려 넣는 접착제를 사용하면 접착 완료입니다.

콕피트는 먼저 조립해야 하나?

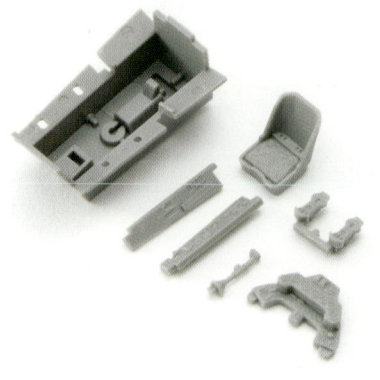  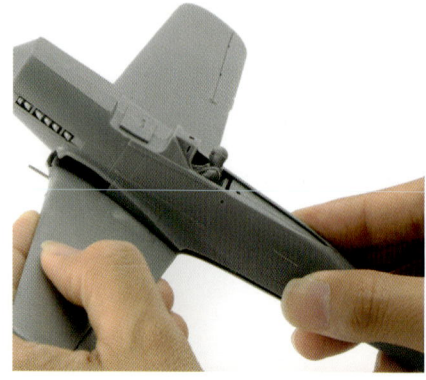

▲비행기 모형은 상당수가 콕피트를 먼저 조립합니다. 이러한 작은 부품들이 모여 이루어집니다. 도색할 때는 이렇게 부품 상태에서 도색하는 것을 추천합니다.

▲이렇게 조립한 동체 밑에서 콕피트를 집어넣거나 동체 사이에 끼워서 같이 접착합니다. 즉, 콕피트를 완성한 뒤에 다음 단계로 진행하는 경우가 많으니, 콕피트를 먼저 만들게 됩니다. 콕피트는 기본색만 잘 칠해줘도 의외로 문제가 없으니, 취향대로 만들어보세요!

▲콕피트가 완성되면 모형의 조립 단계가 단숨에 실제 비행기 형태에 가까워집니다. 비행기 모형 제작에 있어 하이라이트라고 할 수 있는 순간 중 하나입니다. 이 상태를 흙토(土)자 혹은 선비 사(士)자 모양이라고도 합니다(동체가 세로획, 주/꼬리날개가 가로획 형태와 비슷하기 때문에).

부품 접합선 처리

▲P.5에서 접착한 날개 부품을 확대해봤습니다. 이렇게 부품과 부품이 맞물리면서 원래 기체에는 없는 라인이 생깁니다. 또한 접착제도 미묘하게 삐쳐 나와서 부풀어 있습니다. 이런 부분은 완전히 건조한 뒤에 사포로 깔끔하게 다듬어줍니다.

▲흘려 넣는 접착제가 삐쳐 나온 부분을 이용하면, 접합선을 깔끔하게 처리할 수 있습니다. 이 삐쳐 나온 접착제가 (틈을 메워주는 재료인) 퍼티 같은 역할을 해서, 사포로 다듬어주면 접합선이 메워집니다.

▲접합선을 메웠습니다. 다른 접합선도 같은 방법으로 처리해주세요.

파팅 라인을 처리하자

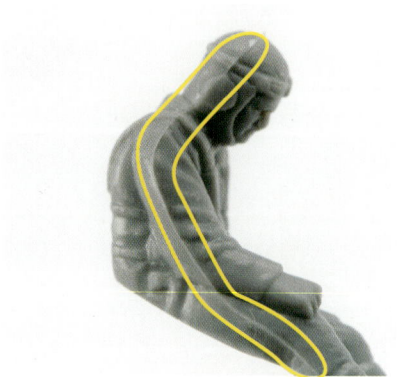 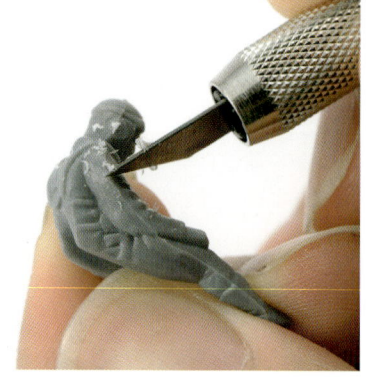 

▲피규어 측면에 있는 플라스틱 라인. 이것은 금형으로 성형하는 과정에서 생기는 것으로, 파팅 라인이라고 합니다. 이것을 제거하면 부품의 원래 모양이 됩니다.

▲아트나이프 날을 옆으로 대고 대패질하듯이 움직여서 깎아냅니다. 거의 다 됐다 싶으면 종이 사포 등으로 마무리합니다.

▲파팅 라인을 제거했습니다. 보시다시피 훨씬 보기 좋아졌습니다.

조립의 기본은 이상입니다. 도색 등에 대해서는 P.14부터 시작되는 How to를 참고해주세요. 즐거운 비행기 모형 제작 되시길!

비행기 모형 각 부분의 용어

다음으로 각 부분의 용어를 보겠습니다. How to에서도 부위를 가리키는 용어가 나오니, 여기서 짚고 넘어가겠습니다.

①**스피너** / 프로펠러를 제어하는 거버너를 공력적으로 커버하는 부품. 동시에 바로 뒤에 엔진 카울링과의 위치 관계를 이용해서 엔진의 냉각 효과를 높여줍니다.

②**프로펠러** / 회전해서 후방으로 바람을 일으키고, 그것을 추진력으로 비행하기 위한 부품.

③**주날개** / 기체에 양력을 주는 날개. 내부에는 연료 탱크, 메인 기어 수납고, 기총 등을 장비하기도 합니다.

④**에일러론** / 「보조날개」라고도 합니다. 주날개 바깥쪽 뒤쪽 가장자리에 있고, 비행 중에 위아래로 움직여서 기체를 좌우로 회전(롤)하게 합니다.

⑤**기총구** / 동체에 장비된 프로펠러 동조식 기관총 발사구.

⑥**캐노피&콕피트** / 캐노피는 방풍창, 조종석 위를 덮는 투명한 덮개. 콕피트는 조종석으로 비행기 모형의 주된 볼거리 중에 하나입니다. 비행이 필요한 계기가 배치된 「계기판」, 기체의 자세를 제어하는 「조종간」, 엔진의 출력을 조절하는 「스로틀」 등이 배치됩니다.

⑦**수직 꼬리날개&러더** / 비행시의 안정을 유지하기 때문에 「수직 안정판」이라고도 불립니다. 보통은 동체 뒤쪽 윗면에 하나. 수직 꼬리날개 뒤쪽에는 비행 중에 움직여서 좌우로 방향을 바꾸는 「러더」가 있습니다.

⑧**수평 꼬리날개** / 비행시의 안정성을 유지하기 때문에 「수평 안정판」이라고도 합니다. 보통 동체 뒤쪽 좌우에 하나씩, 총 2개. 일반적으로 수직 꼬리날개와 90도의 위치에 있습니다. 수평 꼬리날개 뒤쪽에는 비행 중에 움직여서 상하 방향을 바꾸는 「엘리베이터」가 있습니다.

⑨**동체** / 주날개와 꼬리날개를 연결하고 엔진, 연료 탱크, 콕피트 등의 중요 기재가 내장된 부분. 강도 확보와 경량화를 양립하기 위해, 제2차 세계대전의 기체는 대부분 금속제 세미 모노코크 구조를 채용했습니다.

⑩**날개 끝&포지션 라이트** / 말 그대로 날개의 끝입니다. 포지션 라이트는 주날개 끝에 달린 라이트로, 야간에 점등해서 기체의 위치와 방향(오른쪽이 녹색 또는 파랑, 왼쪽이 빨강)을 알립니다.

⑪**피토관** / 속도를 계측하기 위한 막대 모양의 계기. 비행기 모형에서는 파손&분실되기 쉬운 부품이니 주의하세요.

⑫**메인 기어** / 지상 주기 때에 사용하는 바퀴식 기체 지지물. 비행시에는 주날개 안에 격납되고, 공기 저항을 줄이기 위한 「커버」가 달려 있습니다.

⑬**배기관** / 엔진의 배기를 배출하는 파이프.

⑭**엔진 카울링** / 줄여서 「카울링」「카울」이라고도 부릅니다. 엔진 바깥쪽을 공기역학적으로 감싸는 동시에 내부에 기류를 보내서 엔진의 냉각을 돕습니다. 냉각 상태 조정에는 뒤쪽에 있는 개폐식 문(카울 플랩)을 사용합니다.

⑮**보조 연료탱크** / 항속거리를 늘리기 위해, 동체 아래에 장착하는 연료 탱크. 공기 저항이 적게 설계됐고, 사용한 뒤에는 투하할 수 있습니다.

⑯**테일 기어** / 고정식과 메인 기어와 연동해서 수납되는 것이 있습니다.

⑰**플랩** / 주날개 뒤쪽 가장자리 일부를 내려서 이착륙할 때 등 저속 상태에서 양력을 발생시킵니다. 일반적으로 비행시에만 열립니다.

비행기 모형을 만들자!
TOOLS & MATERIALS

비행기 모형 제작을 편하게 해주는 공구&재료

어쨌거나, 모형 제작에는 공구가 필요합니다. 여기서는 기본적인 공구&재료를 소개합니다.

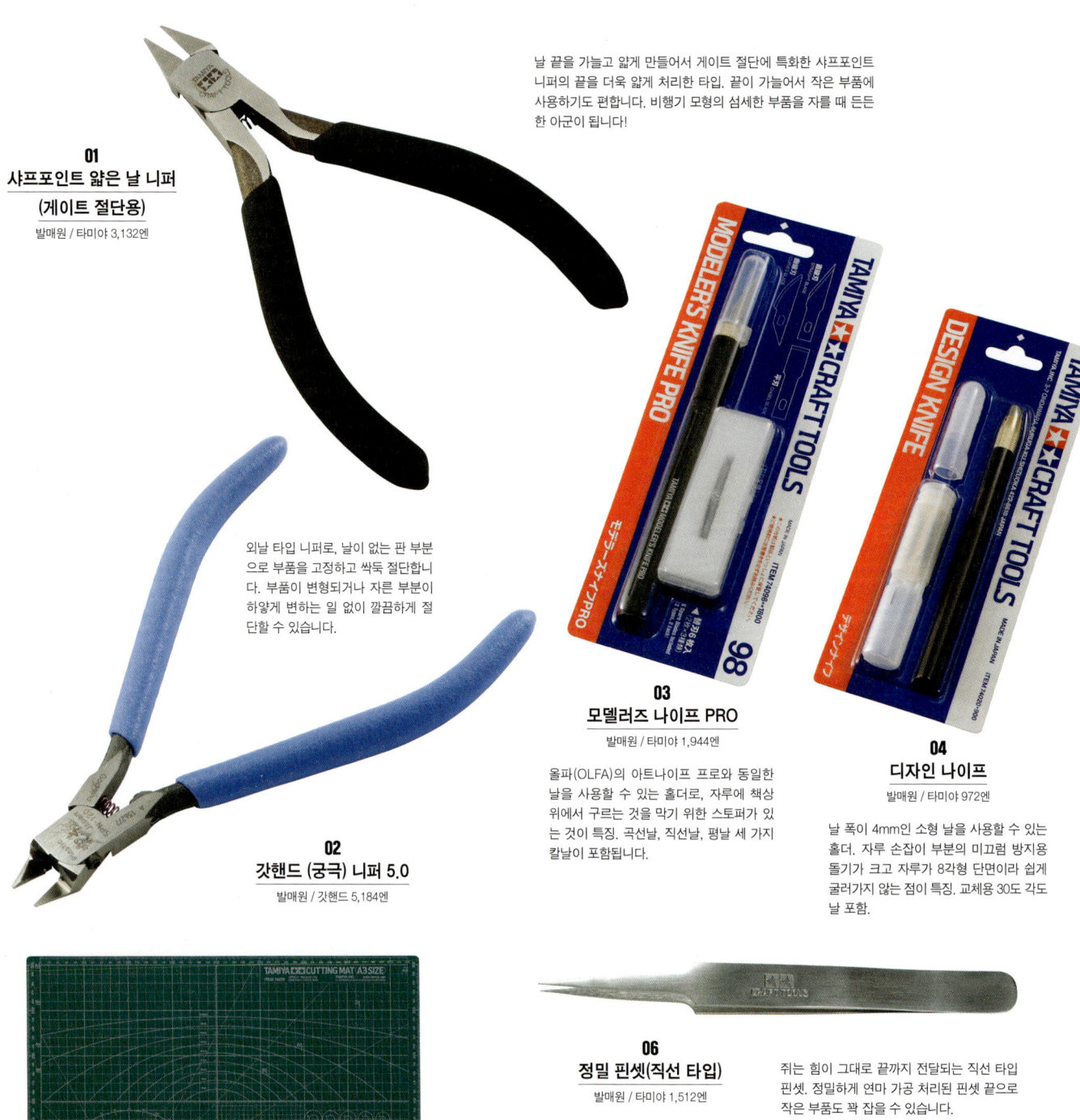

01 샤프포인트 얇은 날 니퍼 (게이트 절단용)
발매원 / 타미야 3,132엔

날 끝을 가늘고 얇게 만들어서 게이트 절단에 특화한 샤프포인트 니퍼의 끝을 더욱 얇게 처리한 타입. 끝이 가늘어서 작은 부품에 사용하기도 편합니다. 비행기 모형의 섬세한 부품을 자를 때 든든한 아군이 됩니다!

02 갓핸드 (궁극) 니퍼 5.0
발매원 / 갓핸드 5,184엔

외날 타입 니퍼로, 날이 없는 판 부분으로 부품을 고정하고 싹둑 절단합니다. 부품이 변형되거나 자른 부분이 하얗게 변하는 일 없이 깔끔하게 절단할 수 있습니다.

03 모델러즈 나이프 PRO
발매원 / 타미야 1,944엔

올파(OLFA)의 아트나이프 프로와 동일한 날을 사용할 수 있는 홀더로, 자루에 책상 위에서 구르는 것을 막기 위한 스토퍼가 있는 것이 특징. 곡선날, 직선날, 평날 세 가지 칼날이 포함됩니다.

04 디자인 나이프
발매원 / 타미야 972엔

날 폭이 4mm인 소형 날을 사용할 수 있는 홀더. 자루 손잡이 부분의 미끄럼 방지용 돌기가 크고 자루가 8각형 단면이라 쉽게 굴러가지 않는 점이 특징. 교체용 30도 각도 날 포함.

06 정밀 핀셋(직선 타입)
발매원 / 타미야 1,512엔

쥐는 힘이 그대로 끝까지 전달되는 직선 타입 핀셋. 정밀하게 연마 가공 처리된 핀셋 끝으로 작은 부품도 꽉 잡을 수 있습니다.

05 커팅 매트(A3)
발매원 / 타미야 1,728엔

커터 칼 등 날붙이를 쓸 때 깔아놓는 매트. 작업할 테이블 등을 날로부터 보호해줍니다.

07 정밀 핀바이스S
발매원 / 타미야 1,080엔

「구멍을 뚫는」 공구. 이 S는 0.1~1mm의 드릴 날을 장착 가능. 비행기 모형에서는 작은 구멍을 뚫는 일도 많으니 하나쯤 마련해두면 큰 도움이 됩니다.

08 정밀 핀바이스 D
발매원 / 타미야 1,728엔

핀바이스 D는 0.1~3.2mm의 드릴 날을 사용하는 범용성이 높은 공구입니다.

09 극세 드릴날 세트
(0.3, 0.4, 0.5, 0.6, 0.8mm)
발매원 / 타미야 1,512엔

핀바이스S, D에 사용할 수 있는 드릴날. 전용 케이스에 수납돼 있습니다.

10 베이직 드릴날 세트
(1, 1.5, 2.5, 3mm)
발매원 / 타미야 1,512엔

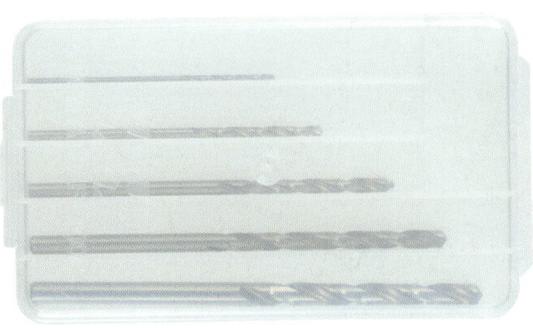

11 피니싱 페이퍼(사포)
발매원 / 타미야 129~216엔

▲실리콘 카바이드 연마재를 사용한 마른사포질, 물사포질 겸용 사포. 부품을 다듬을 때 꼭 필요한 종이 사포입니다. 호수는 180~2000까지 총 10종류. 3장 세트.

12 타미야 연마 스펀지 시트 #180~3000
발매원 / 타미야 각 302엔

5mm 두께의 고밀도 폴리에틸렌 폼에 산화알루미늄 연마 입자를 도포한 시트입니다. (유연성이 있어) 연마할 때 부품에 착 달라붙는다는 느낌을 받을 수 있습니다.

13 마스킹 테이프
발매원 / 타미야 270~378엔

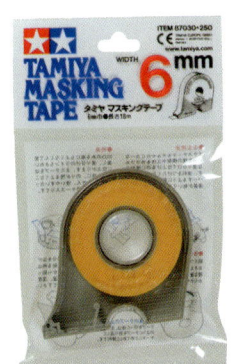

구분 도색이나 도색이 필요 없는 부분을 가리기 위해서 붙이는 테이프.

14
각종 스틱 사포
발매원 / 웨이브 각 486엔

단단한 하드, 유연한 소프트라고 불리는 베이스의 양쪽 면에 종이 사포를 붙인 스틱. 사포의 호수(번호), 크기, 모양 등이 다양하게 구비되어 있어 여러 상황에 맞게 골라 쓸 수 있습니다.

15
타미야 시멘트(사각병)(40ml)
발매원 / 타미야 216엔

•타미야 시멘트 : 「타미야 접착제」라는 상품명을 널리 쓰입니다.

17
타미야 시멘트(무수지 타입) 속건성
발매원 / 타미야 367엔

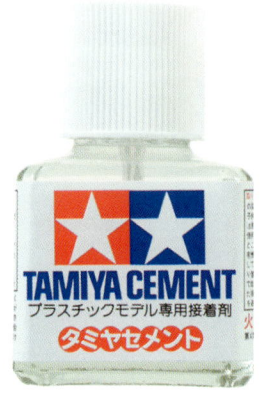

16
타미야 시멘트(무수지 타입)
발매원 / 타미야 324엔

가는 솔이 달린 뚜껑의 흘려 넣는 접착제. 수지가 포함되지 않은 용제 타입으로 저점도. 접착할 부품을 맞대고 그 틈새로 흘려 넣어서 사용합니다.

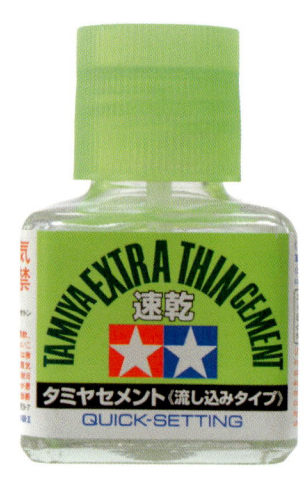

흘려 넣는 접착제의 새로운 표준으로 정착한 「건조가 빠른」 타입. ABS 부품 접착도 가능합니다. 부품과 부품 사이에 깔끔하게 잘 흘러들어가므로 쭉 흘려 넣은 뒤에 건조시키면 됩니다. 건조 시간도 짧아서 작업 효율이 크게 향상됩니다.

가장 기본적인 접착제. 뚜껑에 솔이 달렸다. 적절한 점도가 있는 플라스틱용 접착제로, 병은 중심이 낮아서 넘어질 염려가 적습니다.

GSI 크레오스의 뚜껑에 붓이 달린 흘려 넣는 접착제입니다. 건조도 빠르고 표면의 디테일이나 도색면을 잘 해치지 않습니다.

20
순간접착제×3S 저점속경
발매원 / 웨이브 486엔

•백화 현상 : 순간접착제 등이 굳으면서 하얗게 변하는 현상.

금속 부품 접착에 쓰이고, 작은 흠집을 메우는데도 편리한 순간접착제. 이 상품은 빨리 경화되고 백화 현상도 거의 없습니다.

18
Mr. 시멘트 S(무수지 타입)
발매원 / GSI 크레오스 270엔

19
Mr. 시멘트 SP
발매원 / GSI 크레오스 324엔

시멘트 S보다 빨리 마르고 접착 강도도 강화된 접착제. SP는 슈퍼 파워의 줄임말.

21
타미야 순간접착제 (이지 샌딩)
발매원 / 타미야 388엔

접합선 수정이나 흠집을 메울 때 아주 편리한 순간접착제. 굳은 뒤에 연마 작업도 편합니다.

22
강력 순간접착제 3000
발매원 / 세메다인 475엔

세메다인이 판매하는 이 순간접착제는, 순간접착제의 디메리트인 장기 보존이 힘들다는 약점을 보완한 순간접착제. 오래 가고 접착력도 강력합니다.

23
하이그레이드 모형용
발매원 / 세메다인 540엔

투명해서 접착 부분이 눈에 띄지 않는 무용제, 수성 타입. 클리어 부품이 흐려지지 않게 접착 가능하고, 도금 부품 접착도 가능. 접착제가 도료를 녹이지 않아서 도색한 부품 접착에도 적합합니다.

24
타미야 다용도 접착제
발매원 / 타미야 648엔

섬세한 스케일 모델을 더 깔끔하고 쾌적하게 만들 수 있는 접착제. 도색한 부품 접착이나 클리어 부품을 흐리게 만들지 않고 접착이 가능해서, 마무리 접착 작업에 좋습니다.

25
순간접착제용 경화 촉진제
알테코 스프레이 프라이머
발매원 / 알테코 1,425엔

순간접착제를 빨리 굳게 만드는 프라이머. 에칭 부품이나 금속선 접착 작업의 효율이 좋아지니, 하나쯤 있으면 상당히 편리합니다.

26
타미야 컬러 「래커 도료」
발매원 / 타미야 172~248엔

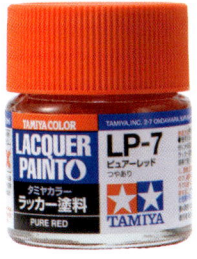  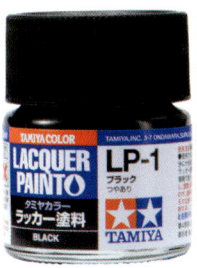

아크릴, 에나멜에 이어서 발매된 래커 도료. 색상수도 계속 늘어나는 중!

27
Mr. 컬러
발매원 / GSI 크레오스 173엔~

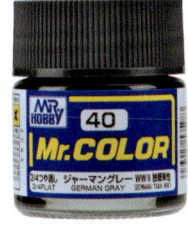 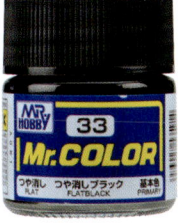

가장 대중적인 래커계 모형용 도료. 일반적인 색 이외에도 각 모델 장르별로 특화되어 나온 색도 있습니다.

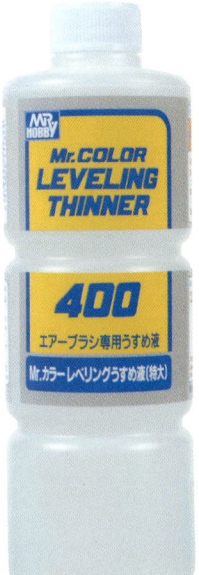

28
Mr. 컬러 레벨링 희석액 (특대)
발매원 / GSI 크레오스 972엔

도료를 희석하기 위한 희석제. 레벨링 희석액은 도료가 뭉치는 것을 막기 위해 건조가 느려지도록 조정되어 있습니다. 사용 빈도가 높으니 특대를 구입하는 것을 추천합니다.

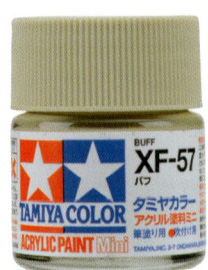

29 타미야 컬러 아크릴 도료 미니
발매원 / 타미야 162~216엔

수용성 아크릴 도료. 붓이 마르기 전에 물로 헹굴 수 있는 것도 이점. 마른 뒤에는 도막도 튼튼합니다. 매끄럽게 칠해지고, 도료가 뭉치거나 습기에 의한 트러블이 거의 없습니다.

30 타미야 컬러 에나멜 도료
발매원 / 타미야 162~216엔

붓도색이나 에어 도색용 에나멜 도료. 가장 큰 특징은 잘 뭉치지 않는 점. 전용 용제로 희석하면 먹선이나 워싱도 가능합니다.

31 타미야 컬러 에나멜 신너(250ml)
발매원 / 타미야 540엔

에나멜 용제를 희석하기 위한 전용 용제. 이것으로 용제를 희석하고 먹선을 넣거나 묽게 희석해서 워싱 등을 합니다.

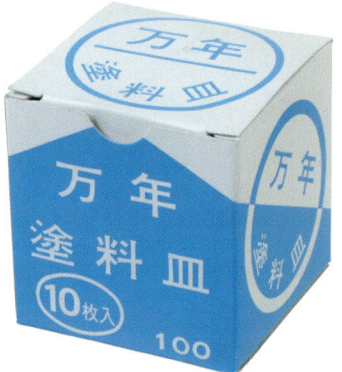

32 조색 막대
발매원 / 타미야 432엔

도료를 섞거나 조색할 때 도료를 조금씩 덜어내기 위해 사용합니다. 한쪽 끝은 평평하고, 다른 쪽은 숟가락 모양입니다.

33 만년 도료 접시
발매원 / 만년사 108엔

10장 들이. 도료를 병에서 덜어서 희석하거나 조색할 때 사용하는 도료 접시. 도료 접시 용도 외에 작은 부품 정리에도 활용할 수 있습니다.

35 타미야 패널라인 액센트
발매원 / 타미야 각 388엔

에나멜 도료를 먹선에 적합한 농도로 조정한 전용 도료. 먹선 외에도 워싱 등에 사용하면 좋습니다.

34 타미야 모델링 브러시 HF 스탠더드 세트
발매원 / 타미야 756엔

평붓 No.2(6mm), 평붓 No.0(4mm), 세필(극세) 세 종류가 세트인 붓. 기본 세트를 이 가격에 구입할 수 있다는 게 정말 좋습니다.

36 타미야 모델링 브러시 PRO II 면상필(초극세, 극세, 소)
발매원 / 타미야 1,296엔(초극세, 극세), 1,404엔(소)

하비재팬 편집부가 추천하는 모델링 브러시 PRO II. 고급 원모로 알려진 「콜린스키 세이블」(족제비의 일종)을 사용한 고급 세필입니다. 한 번 써보면 어라, 붓칠 실력이 늘었나? 라는 생각이 듭니다. 극세와 소 사이에 '세' 크기(1,404엔)도 있습니다.

37 Mr. 웨더링 컬러 & Mr. 웨더링 컬러 필터 리퀴드
발매원 / GSI 크레오스 각 410엔

웨더링부터 필터링, 먹선까지 활약하는 GSi 크레오스에서 발매 중인 도료. 잘 칠해지고, 다양한 웨더링 표현이 가능합니다.

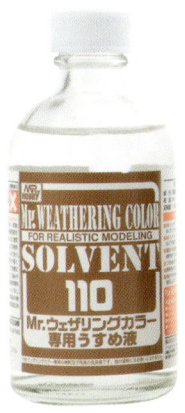

39
프리미엄 탑코트 무광, 반광 스프레이
발매원 / GSI 크레오스 각 648엔

촉촉하고 매끄럽게 광택을 조정하는 신작 탑코트입니다. 수성이라서 데칼에 손상을 입히는 일도 적고 상당히 편리합니다. 슥슥 뿌려주기만 해도 깔끔하게 광택을 조절할 수 있습니다.

38
Mr. 웨더링 컬러 전용 희석액
발매원 / GSI 크레오스 497엔

웨더링 컬러의 농도 조절, 닦아내기에 빼놓을 수 없는 전용 희석액입니다.

40
피니시 마스터 R
피니시 마스터 극세 R
발매원 / 가이아노츠 각 648엔

가이아노츠에서 발매하는 이 상품은, 데칼 밀착이나 미세한 먹선을 닦아낼 때 활약합니다. 먹선을 닦아낸 뒤에도 용제로 깨끗이 씻어주면 다시 사용이 가능합니다.

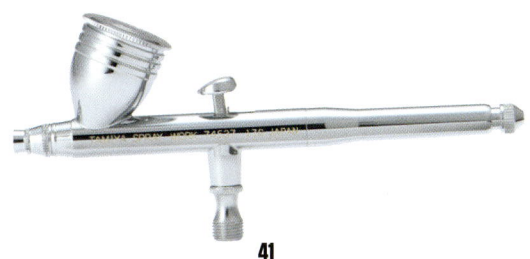

41
타미야 스프레이 워크 HG 에어브러시(컵 일체형)
발매원 / 타미야 13,248엔

타미야 스프레이 워크 시리즈의 각 컴프레서, 에어캔과 접속할 수 있는 더블액션 타입의 고성능 에어브러시. 노즐 구경 0.3mm.

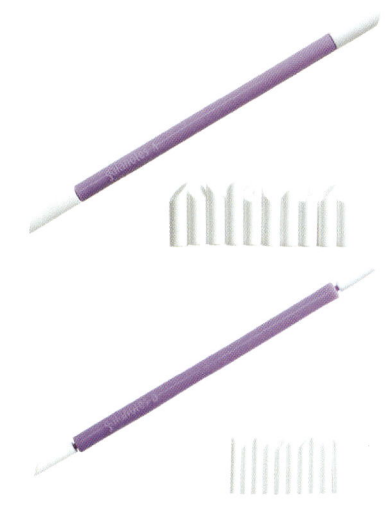

43
Mr. 리니어 컴프레셔 L7
발매원 / GSI 크레오스 41,040엔

에어 도색에 필요한 에어를 만드는 장치. 이쪽은 GSI 크레오스 중에서도 가장 대중적인 컴프레서. 조용하고 파워가 강하며 내구성도 훌륭합니다.

42
프로콘 BOY WA 플라티나 0.3 Ver.2 더블 액션
발매원 / GSI 크레오스 14,364엔

GSI 크레오스의 더블액션 타입 에어브러시. 세미 이지 소프트 버튼, 에어 어저스트 시스템, 에어 업 기구를 탑재.

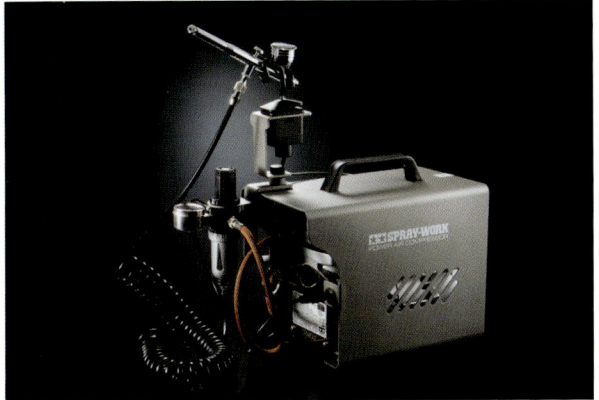

44
타미야 스프레이 워크 파워 컴프레셔
발매원 / 타미야 37,584엔

에어브러시를 이용해 도색할 때 에어 공급에 필수인 컴프레셔입니다. 최대 압력 0.4MPa로 도색 면적이 넓은 빅 스케일 모델부터 카 모델의 보디 등의 광택 도장까지, 에어브러시 도색에서 충분한 위력을 발휘합니다. 미터기가 달린 에어 레귤레이터를 이용해서 자유롭게 압력 조정이 가능. 행거 일체식 전원 스위치를 채용한 뛰어난 작업성도 특징입니다.

45
타미야 스프레이 워크 페인팅 부스 II (트윈 팬)
발매원 / 타미야 26,784엔

실내 에어 도색의 필수품. 전면 패널의 특수 구조가 포인트. 패널 바깥쪽에 슬릿 모양의 흡기구를 배치해서, 중심부에서 벗어난 도료 분진도 역류 없이 흡입합니다. 중심부의 도료 분진은 필터를 세 번 통과한 뒤에 흡기구에 빨려들기 때문에, 필터가 막혀서 갑자기 흡입력이 저하되는 일도 최소화되었습니다.

타미야 1/48 걸작기
세계로 날아

Welcome To Aircraft Model World

시리즈의
가 보자

비행기 모형을 마음껏 즐겨보자

드디어 본격적인 How to로 돌입합니다. 각 테마별로 키트를 선택. 선택한 키트는 모두 이 걸작기 시리즈 중에서도 특히 더 추천하는 레시프로 기체들입니다. 조립하는 것만으로도 흥분하지 않을 수 없는 훌륭한 부품 구성과, 보기만 해도 가슴이 두근거릴 만큼 상세한 디테일을 자랑하는 키트들이 당신을 기다립니다. 지금부터 비행기 모형을 시작해보려는 사람에게도 추천할 수 있는 키트들이니, 꼭 키트 내용과 비행기 모형 제작법을 참고해서 즐겁게 제작해보세요.

KIT REVIEW

1/48 SCALE KAWASAKI Ki-61-Id HIEN(TONY)
카와사키 삼식 전투기 히엔 Ⅰ형 정(丁)

현재 가장 만들기 쉬운 일본기 키트

현재 타미야 1/48 비행기 모형 중에서도 새로운 부류에 해당되는 것이 이 삼식 전투기 히엔. 일본군 기체로서는 유일하게 액랭 엔진을 탑재한 전투기다. 키트에서는 최대의 특징인 이 일본제 액랭 엔진 '하40'도 입체화. 엔진에서 콕피트까지 기체 내부 구조도 거의 재현했고, 클리어 부품으로 된 동체 부품을 이용하면 완성한 뒤에도 내부 구조를 볼 수 있다.

text / 시게루

● 3,240엔, 발매 중 ● 전장 약 18.7cm

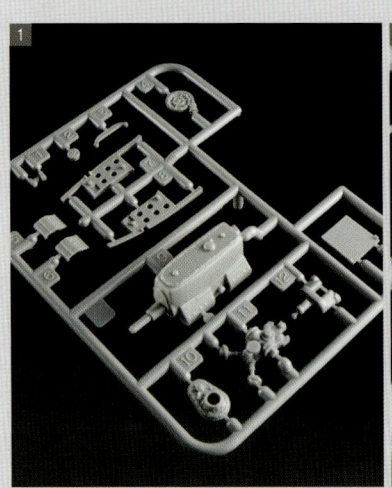

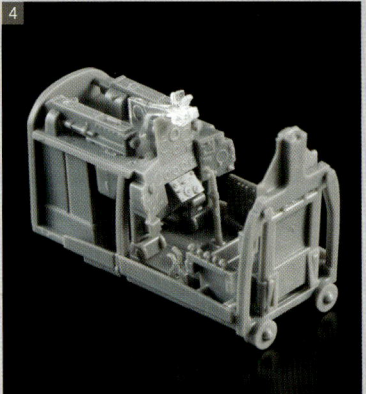
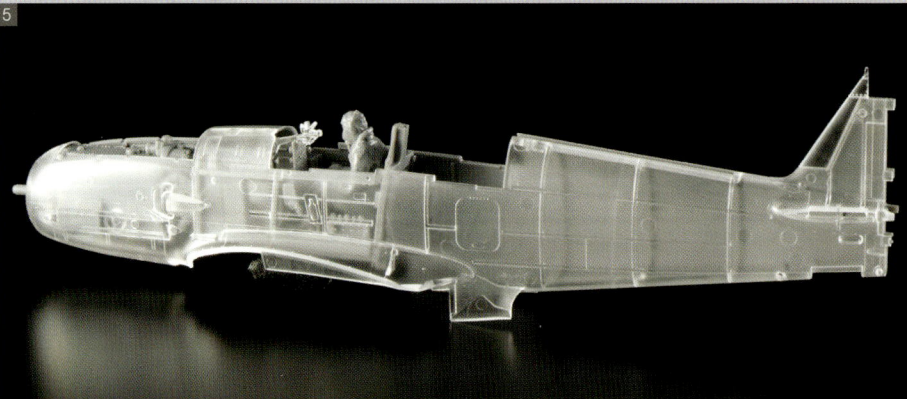
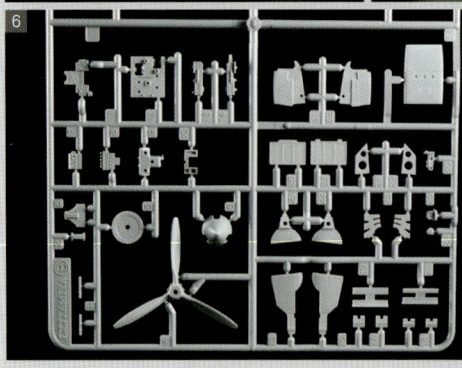

[1] 기수에 들어가는 '하40'은 심플한 부품 구성으로 재현. 부품 숫자를 줄이면서 액랭 엔진만의 형태를 살렸다. 참고로 조립한 뒤에도 상부 카울링을 제거하면 엔진을 볼 수 있다.
[2] 3D 스캔과 원형사의 기술이 합쳐져서 조형한 착좌 자세의 파일럿 피규어. 1/48이면서도 상당히 생생한 조각이다.
[3] 엔진에서 콕피트까지, 기체 내부 구조를 즐길 수 있다. 골뱅이 모양 과급기에도 주목.
[4] 콕피트만 조립한 상태. 각종 계기의 입체감도 훌륭하다.
[5] 동체 왼쪽 부품은 일반 성형색 부품 외에 클리어 성형 부품도 포함. 기체 내부 구조가 보이도록 조립할 수 있다.
[6] 내부 부품 등은 필요에 따라 세세하게 분할돼 있는데, 시스템적인 배치가 되어 있어서 조립할 때 헛갈리는 일은 없을 것이다.
[7] 클리어 버전 동체 측면 부품. 수축율이 달라서 제조사로서도 만들기 힘든 대형 클리어 부품인데, 동체 우측 부품과 딱 맞는다.

1/48 SCALE KAWASAKI Ki-61-Id HIEN (TONY)

⑧ Bf109 등의 외국제 액랭 엔진 기체와는 조금 다른, 곡면으로 덮여 있는 히엔의 형태를 잘 포착한 타미야제 키트. 특히 좌우로 뻗은 주날개는 단면 모양도 실제 기체의 형태를 재현해서 멋진 분위기를 연출한다.
⑨ 후방에서 봐도 둥그스름한 동체가 선명히 드러난다.
⑩ 주날개 윗면 부품은 내부 기총의 정비용 해치 등에 파스너(Fastener) 몰드가 들어가 있다. 또한 이 기체 주날개의 큰 특징이 바로 튼튼한 틀이 들어가 있다는 점. 이 틀과 주날개와의 접속을 표현하는 몰드에도 주목하자.

⑪ 기체의 주요 부분은 2장의 런너 안에 들어가 있다. 그밖에 엔진 부분 부품이 집중된 작은 런너 1장과 클리어 부품 런너가 2장 포함. 부위별로 부품이 들어가 있다는 점을 알 수 있다. 캐노피 마스킹용 시트가 포함된 점도 모델러의 기분을 좋게 만드는 특징.
⑫ 주날개 밑면은 큰 일체 구조. 좌우 날개 끝의 에일러론 부분은 위쪽 부품에 붙는 모양으로 되어 있다. 또한 연료 탱크도 좌우에 하나씩 포함된다.

HOW TO BUILD
KAWASAKI Ki-61-Id HIEN(TONY) modeled by Teppei HAYASHI

캔 스프레이 위주 도색으로 히엔 Ⅰ형 정을 완성해보자!

타미야 1/48 걸작기 시리즈에 라인업된 일본기 중에서 가장 최신 아이템인 「히엔 Ⅰ형 정」. 본 키트는 무엇보다도 조립할 때 부품끼리 착착 맞아서 조립에서의 스트레스가 거의 없습니다. 도색도 제244전대 고바야시 대장기를 선택하면 컬러링까지 심플해집니다. 여기서는 캔 스프레이를 사용해서 컬러링을 재현하고 비행기 모형을 완성해봅시다!

POINT.01
파일럿과 콕피트

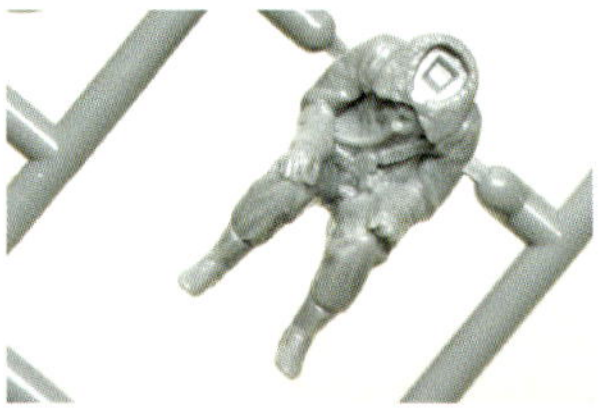

▲파일럿 피규어는 최신 3D 스캔과 원형사의 높은 기술 덕분에 완성도가 훌륭하다. 콕피트에 꼭 탑승시켜보자.

POINT.02
기체 조립과 내부 도색

▲내부는 최근의 고증을 도입한 컬러링으로 도색한다.

POINT.03
기체 도색

▲이번 작업의 특징인 캔 스프레이 도색의 포인트를 설명. 캔 스프레이로 칠해도 아름다운 은색의 히엔을 만들 수 있다.

POINT.04
데칼과 마감

▲히엔의 라인은 데칼로, 여기서 데칼의 기본을 익혀두면 다른 비행기 제작도 문제없다! 요령을 확실히 기억해두자.

POINT.01 파일럿과 콕피트

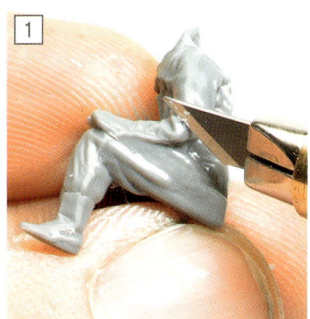 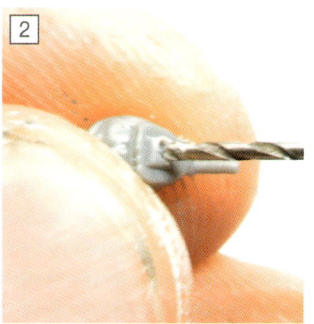 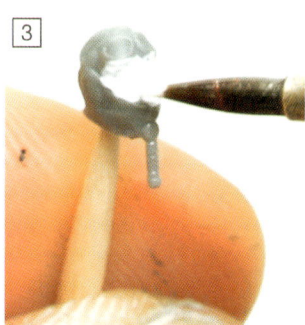 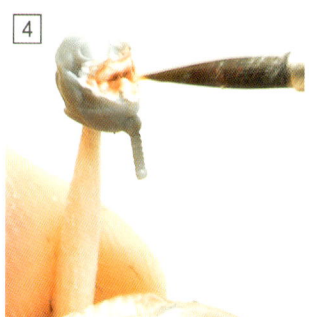

1. 피규어의 파팅 라인을 아트나이프로 대패질하듯 깎아서 없앤다. 타미야 키트는 캐노피의 투명도가 높기 때문에, 남아 있으면 완성한 뒤에 상당히 눈에 띈다.

2. 머리는 몸과 접착하지 않고 따로 칠하는 쪽이 작업하기 편하다. 핀바이스로 손잡이를 꽂기 위한 구멍을 뚫어준다. 이쑤시개를 꽂아주면 손잡이 완성.

3. 시타델 컬러 세라마이트 화이트를 붓으로. 빨리 마르니까 조금 칠하고 말리고를 반복하면 간단히 입혀줄 수 있다.

4. 레이크랜드 플레시 셰이드로 전체를 워싱. 붓으로 슥 칠해주면 충분. 너무 많이 묻은 도료는 붓끝으로 빨아내자.

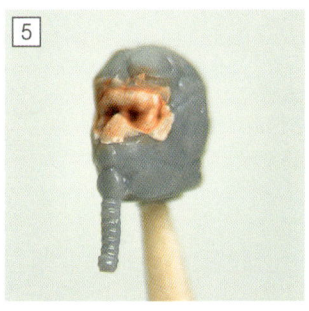   

5. 피부를 도색한 상태. 세라마이트 화이트→레이크랜드 플레시 셰이드 콤보는 누구든 높은 퀄리티로 얼굴을 칠할 수 있는 피규어의 필승 비법.

6. 피부를 칠했으면 두건과 마스크를 타미야 아크릴 카키와 플랫 블랙으로 칠한다. 시타델 컬러는 비싸니까 기본적으로 타미야 아크릴로 칠하고 시타델로 포인트를 주면 비용을 줄일 수 있다.

7. 몸통 도색. 처음에 가장 면적이 넓은 부분부터 칠하는 것이 포인트. 플랫 브라운을 과감하게 칠해주자.

8. 옷깃을 시타델 세라마이트 화이트, 장갑을 타미야 아크릴 카키, 벨트를 진녹색으로 칠한다. 붓은 시타델 브러시 베이스 도색용이고, 제일 가는 것을 사용하면 칠하기 편하다.

  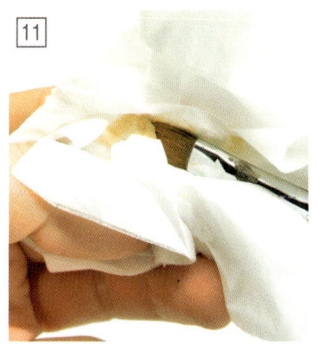 

9. 기본 도색이 끝나면 전체를 레이크랜드 플레시 셰이드로 워싱. 세세한 디테일에 음영이 들어가면서 입체감이 강조된다.

10. 드라이 브러시로 요철을 더 강조해보자. 타미야 에나멜컬러 버프를 접시에 덜고, 평붓 끝에 살짝 묻힌다.

11. 티슈로 어느 정도 닦아낸다. 티슈에 살짝 색이 묻었나? 정도면 좋다.

12. 살짝 문지르듯이, 붓에 남은 도료를 볼록한 부분에 입혀준다. 너무 과하면 부자연스럽게 보이니 조심하자. 그럴 때는 에나멜 용제로 닦아내고 다시 시도.

13. 드라이 브러싱이 끝나면 프리미엄 탑코트 무광을 뿌려주고, 고글에 유광 블랙을 칠하면 완성.

14. 정밀한 콕피트. 모든 부품을 접착하면 도색이나 데칼을 붙이기 힘드니, 이렇게 세 블록으로 나눠주자.

15. 가조립해서 콕피트가 잘 맞는지 확인. 타미야 키트는 정밀도가 높아서 가조립할 필요가 거의 없지만, 비행기 모형 제작의 기본이니 처음부터 습관을 들이자.

16. 피규어를 태워서 다시 한 번 밸런스를 확인. 부품을 접착할 각도가 어긋나면 피규어가 잘 들어가지 않는 경우가 있다. 동체를 접착하면 분해할 수 없는 비행기 모형은 가조립과 맞춰보기를 철저하게 하는 습관을 들이자.

HOW TO BUILD

POINT.02 기체 조립과 내부 도색

1 동체나 주날개 등의 큰 부품은 잘라낼 때 표면에 흠집이 남지 않도록 언더 게이트로 성형되어 있다. 사진의 빨간 부분이 언더 게이트.

2 언더 게이트 잘라내기는 간단하다. 먼저 니퍼 등을 부품 면에 평행하게 대고 딱! 잘라주자.

3 니퍼로 자르면 게이트가 약간 남으니, 남은 부분을 아트나이프로 꼼꼼히 잘라주자.

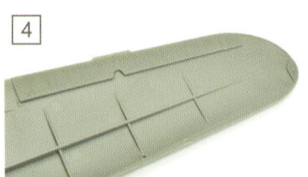

4 게이트를 잘라낸 상태. 언더 게이트는 접착면에 게이트가 붙는 만큼, 조금이라도 남아 있으면 틈이 생기니까 주의하자.

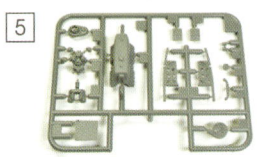

5 키트에 엔진도 들어 있지만, 비행기 모형 초보자가 처음부터 엔진까지 칠하는 건 난이도가 높고 완성하기 힘들어지니 생략한다.

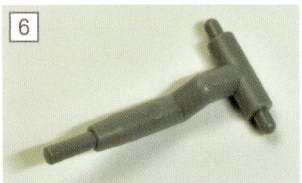

6 설명서에는 없지만, 엔진리스용 프로펠러축 부품이 들어 있으니 이것을 사용하자.

7 이렇게 조립하면 OK. 초보자는 일단 완성의 난이도를 낮추는 게 제일!! 완성하면 안 보이는 부분은 전부 생략해도 된다. 프로 중에도 그런 사람은 많다.

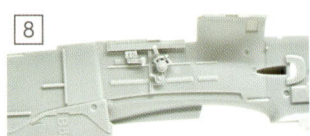

8 콕피트 내부 부품은 마지막에 슬쩍 구분도색 하면 되니까, 이 시점에서는 접착하자. 작례라서 일단 부품을 붙였지만, 완성하면 안 보이니 생략해도 OK.

9 히엔의 기체 내부색은 전통적으로 다크 옐로라고 알려졌지만, 최신 연구에서는 명회백색이라는 설도, 최신 연구결과니까 옳은 게 아니라, 「이 색이 제일 멋지다!!」고 생각하는 색을 고르자. 전부 정답이다.

10 작례에서는 명회백색을 선택. 캔 스프레이로 도색할 때는 사전에 잘 흔들어서 내부의 도료를 섞어주자.

11 기체 내부에 도료를 뿌린다. 완성하면 거의 안 보이는 부분이니까 한 번 슥 뿌려주자. 뭉쳐도 개의치 말자. 은색 외장의 연습이라고 생각하고 해보자.

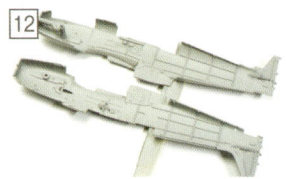

12 도색한 상태. 타미야 에어 모델 스프레이는 건조 시간이 짧지만, 혹시 모르니 다음 작업까지 여름에는 15분, 겨울에는 30분 정도 건조시켜 주자.

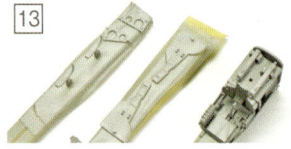

13 작은 부품은 마스킹 테이프를 나무젓가락에 양면테이프로 붙여주고, 이렇게 도색해보자. 섬세한 부품을 양면테이프에 직접 붙이면 접착력이 너무 세서 떼다가 부러질 수도 있으니, 마스킹 테이프로 보호 장치까지 준비하는 것이다.

14 기체 내부 디테일을 두드러지게 해주기 위해서 Mr. 웨더링 컬러의 멀티 블랙으로 워싱. 병에 있는 상태는 너무 진하니까 전용 용제로 희석해서 사용.

15 묽게 녹인 멀티 블랙을 평붓으로 칠해준다. 요철의 입체감을 두드러지게 해주기 위해, 디테일이 묘사된 부분 구석구석까지 입혀주자.

16 다 칠한 뒤에 마른 티슈로 살짝 닦아주자. 안 닦아도 되겠다 싶으면 그냥 둬도 된다.

17 콕피트의 세밀한 부분을 칠한다. 키트의 채색 지정에서는 플랫 블랙과 세미 글로스 블랙을 구분하라고 되어 있지만, 초보자는 전부 플랫 블랙으로 칠해도 된다.

18 동체 내부 도색. 파란색과 은색이 들어가면 단숨에 리얼리티가 생긴다. 하지만 여기도 안 보이는 부분이니 귀찮으면 안 칠해도 된다.

19 채색한 콕피트에 피규어를 태운 상태. 정밀한 콕피트를 꼼꼼하게 칠해주기만 해도 하나의 프라모델로 성립된다. 단, 역시 완성한 뒤에는 안 보이니 초보자는 무리하지 말자.

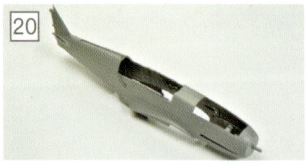

20 동체를 맞춰서 전체를 확인. 동체를 접착해버리면 돌이킬 수 없다. 빠트린 부품이나 안 칠한 부품은 없는지 최종 체크한 뒤에 접착하자.

1 부품 접착에는 타미야 무수지 접착제 속건성 타입을 사용. 건조가 상당히 빨라서, 일반 흘려 넣는 접착제를 쓰면 용제 때문에 틀어지기 쉬운 비행기 날개 등에도 문제없이 사용할 수 있다.

2 속건성 타입 접착제는 금방 굳는다. 급한 사람은 1시간 정도, 확실히 하려면 3시간 정도 기다렸다가 타미야 피니시 페이퍼 600번으로 접합선에서 삐져 나온 접착제를 깎아서 평평하게 해준다.

3 동체 접합선도 같은 방법으로 처리한다. 히엔은 은색 도색이라서 600번 사포만 쓰면 흠집이 눈에 띈다. 1000→1200→1500번 순서로 연마해서 매끈하게 해주자.

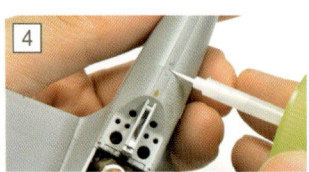

4 접착면이 그대로 패널라인이 되는 부품에 주의하자. 접착제 양이 너무 많으면 삐쳐 나와서 지저분해진다. 적은 양을 살짝 흘려 넣어서 고정시키는 게 요령이다.

POINT.03 기체 도색

1 히엔에는 창틀용 마스킹 시트가 들어 있다. 그 냥 자르면 어긋나기 쉬우니까 금속 자를 대고 아트나이프로 잘라내자.

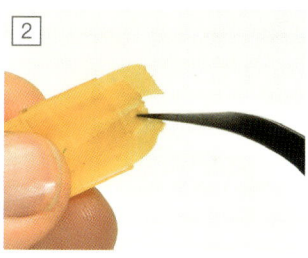

2 캐노피에서 빠트리면 안 되는 것이 안쪽의 마스킹. 도료가 묻지 않도록 꼼꼼하게.

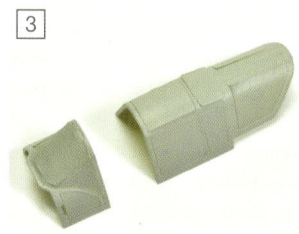

3 은색을 칠하기 전에 기체 내부색인 명회백색을 칠해준다. 바로 기체색을 칠하면 창틀 안쪽까지 기체색이 돼버리면서 상당히 부자연스러운 색이 된다.

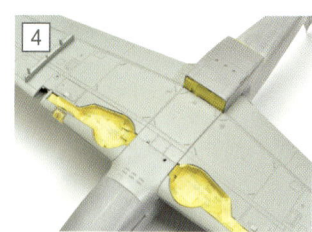

4 기어 수납부와 라디에이터를 마스킹. 수납부는 뒤집어야만 보이기 때문에 어느 정도 도료가 스며도 크게 눈에 띄지 않는다. 단, 라디에이터는 정면에서 잘 보이니까 꼼꼼하게.

5 뒤쪽 라디에이터는 우묵한 부분을 마스킹해야 하니까 가는 핀셋을 쓰자. 그리고 라디에이터 내부색은 키트에서는 저먼 그레이로 지정했지만, 검은 색이면 뭐든 좋으니 플랫 블랙도 문제 없다.

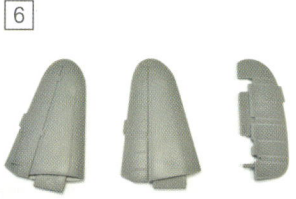

6 꼬리날개는 빨간색으로 칠해야 하니 본체에서 분리한다. 이렇게 마스킹하지 않아도 구분 도색이 가능하니, 마지막에 접착하면 되는 부품을 깜빡 미리 접착하지 않도록 하자.

7 키트의 지시에서는 기체색이 실버 메탈이지만, 더 반짝이고 금속 입자가 고운 메탈 실버를 이용해서 질감이 좋은 은색으로 칠해보자.

8 비행기 모형 캔 스프레이 도색에서 고민되는 점은 손잡이를 어떻게 할지다. 히엔은 엔진을 빼고 만들면, 엔진 커버를 벗긴 안쪽에 양면테이프를 붙인 나무젓가락을 꽂아서 고정할 수 있다.

9 밑색으로 타미야 스프레이 TS14 블랙을 뿌려서 유광 블랙 도색면을 만들고, 메탈 실버 스프레이를 부려준다. 메탈 실버의 밑색에는 반드시 유광 블랙을 뿌릴 것. 빛 반사율이 좋아져서 빛나는 내추럴 메탈 느낌이 된다.

10 히엔의 꼬리날개는 빨강색으로 구분돼 있다. 곡면이 강한 커브에서는 그냥 마스킹 테이프를 붙이는 것만으로는 아무래도 문제가 생길 수 있다.

11 그럴 때는 마스킹 테이프를 그대로 마스킹할 부분에 대고 이쑤시개로 디테일에 맞춰 눌러준 뒤에, 잘 드는 새 칼로 바꾼 아트나이프로 잘라주자.

12 마스킹한 상태. 이 마스킹 방법은 실수하면 부품에 흠집을 낼 수 있지만, 어려운 부분도 깔끔하게 마스킹할 수 있다. 비행기 모형에서는 필수 스킬이니, 실패를 겁내지 말고 해보자.

13 꼬리 부분 마스킹 때문에 동체 부분을 전부 테이프로 발라버리면 테이프가 아깝고 도막이 벗겨질 우려도 있다. 그럴 때는 복사용지로 덮어주면 간단히 해결.

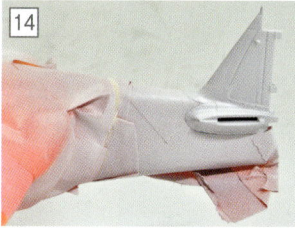

14 실버 밑색에 직접 빨강을 뿌리면 색이 탁해진다. 밑색으로 Mr. 피니싱 서페이서 1500 화이트를 부려서 하얀 밑색을 만들어주자.

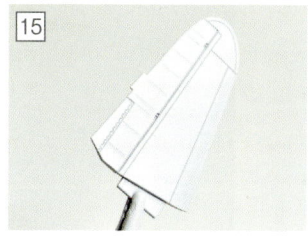

15 마찬가지로 꼬리날개도 하얀색을 칠해둔다. 흰색은 발색이 힘든 색이라서, 살짝 뿌리고 마른 뒤에 다시 뿌리는 과정을 반복하며 칠해주자.

16 밑색이 완성되면 Mr. 컬러 스프레이 레드를 뿌린다. 마스킹한 부분을 캔 스프레이로 도색할 때는 한번에 칠하려고 잔뜩 뿌리지 말 것. 마스킹 테이프 안쪽까지 도료가 스며서 기본 도색부터 다시 해야 할 수도 있다.

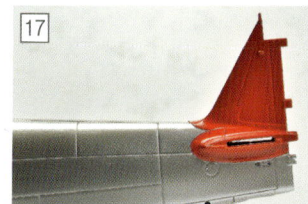

17 마스킹을 벗긴 완성 상태. 밑색이 은색이라서 핀셋으로 테이프를 벗길 때는 도막이 상하지 않게 조심하자. 약간 삐친 부분 정도는 붓으로 리터치하면 문제없다.

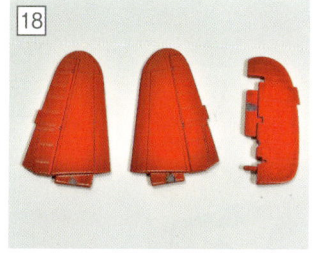

18 수평, 수직 꼬리날개를 칠한 상태. 데칼 작업 때까지는 부품을 접착하지 말고 이대로 두자.

19 눈부심 방지 도장으로 플랫 블랙을 칠한다. 꼼꼼히 마스킹해서, 은색 부분에 검은색이 묻지 않도록.

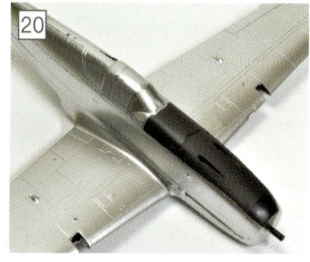

20 마스킹을 벗기면 이렇게 된다. 빠진 부분이나 번진 부분이 없는지 확인하자.

HOW TO BUILD

POINT.04 데칼과 마감

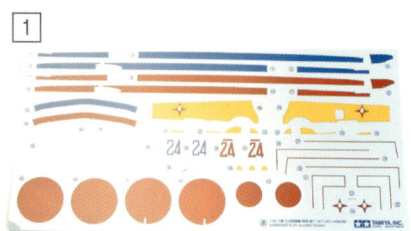

[1] 키트에는 마킹을 재현하기 위한 데칼이 포함돼 있다. 히엔은 일장기와 가늘고 긴 라인 등, 큰 데칼이 많다. 얼핏 보면 어려울 것 같지만, 순서만 잘 지키면 의외로 간단히 붙일 수 있다.

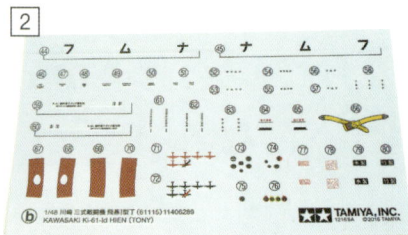

[2] 키트에는 작은 커션(경고) 마크도 들어 있다. 하지만 초보자가 많은 데칼을 전부 붙이는 건 힘드니, 눈에 띄지 않는 데칼을 생략하는 것도 선택지 중 하나.

[3] 아트나이프를 써서 데칼을 바탕지에서 잘라낸다. 가위보다는 아트나이프를 쓰는 쪽이 더 세밀하게 자를 수 있다.

[4] 데칼을 물에 담가서 바탕지와 분리한다. 손이 아니라 핀셋으로 잡을 것. 큰 데칼은 도료 접시보다 큰 일반 접시에 물을 받으면 편하지만, 사전에 꼭 가족의 허가를 받도록.

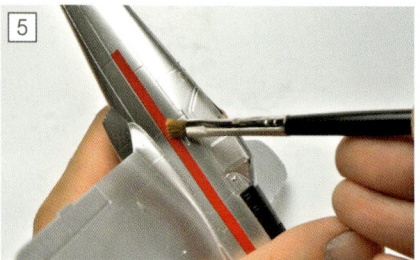

[5] 설명서를 보면서 지정된 위치에, 바탕지에서 밀어내면서 데칼을 얹어준다. 세밀한 위치 조정은 물을 적신 평붓으로 눌러주면서 조정하는 것이 가장 안전하다.

[6] 위치가 정해지면 티슈로 살짝 눌러서 수분을 흡수한다. 은색 도색면은 매끄럽고, 그만큼 데칼이 어긋나기 쉬우니 주의하자.

[7] 데칼이 고정되면 마크 소프터를 바른다. 마크 소프터는 데칼용 연화제로, 바르면 데칼이 부드러워지면서 디테일에 밀착해서 보다 자연스럽게 정착된다.

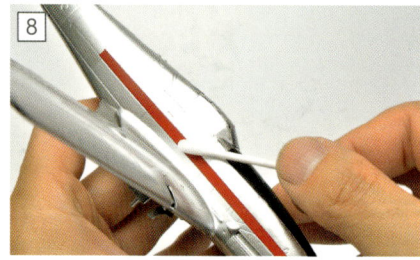

[8] 마크 소프터를 바르고 10초 정도 기다리면 데칼이 늘어나면서 주름이 생긴다. 이 주름을 물에 적신 면봉으로 가볍게 빙글빙글 돌려서 펴주며 데칼을 디테일에 밀착시킨다.

[9] 기본 라인을 붙이고 다음은 일장기. 설명서를 보면서 지정된 위치에 붙이자. 요령은 똑같지만, 두 번째 데칼이 더 어긋나기 쉬우니 신중하게 위치를 잡자.

[10] 마지막으로 일장기에서 꼬리로 뻗는 라인을 붙이면 완성. 평면에 붙이는 데칼이라서 크기에 비해 붙이기 쉽다. 그래도 불안한 사람은 다른 기체용 파란 라인으로 연습하는 것도 좋다.

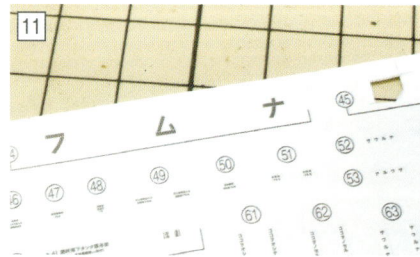

[11] 플랩 위쪽의 「フムナ(밟지 말 것)」 이 데칼은 위치를 잡기 편하도록 여백 부분이 많다. 마지막에 무광 코팅을 하지 않은 은색 도색의 경우, 여백을 그냥 두면 상당히 눈에 띈다.

[12] 그러니까 여백을 잘라주자. 아트나이프를 써서 글자 부분만 잘라낸다. 너무 가까이 자르면 글자가 파손될 위험이 있으니 여백을 조금 남겨주자.

[13] 잘라낸 상태. 잘라낸 데칼은 작아서 잃어버리기 쉽다. 한 번에 세 글자를 전부 자르지 말고, 한 글자씩 자르고 붙이는 편이 안전하다.

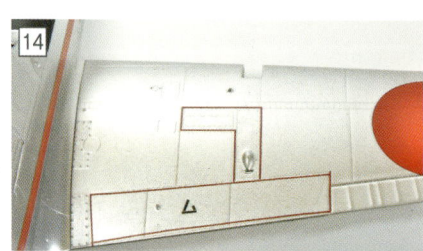

[14] 잘라낸 데칼을 붙여나간다. 데칼 면적이 작아지면 풀이 흐르기 쉽고 벗겨지기 쉬우니 마크 세터와 같이 사용하자. 처음에는 중심의 「ム」부터 붙이면 위치를 잡기 쉽다.

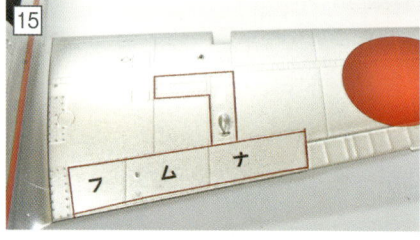

[15] 순서대로 「フ」와 「ナ」를 붙인 상태. 비행기 모형은 평면에 붙이는 커션 등이 하나로 이어져있는 데칼인 경우가 많아서 여백 절단은 필수 테크닉. 만들기 쉬운 히엔으로 잘 연습해두자.

1/48 SCALE KAWASAKI Ki-61-Id HIEN (TONY)

1 프로펠러와 연료 탱크는 최신 고증에 의하면 황록7호라는 갈색이 도는 녹색으로 칠해졌다고 해서, 타미야 스프레이의 OD색(육상 자위대)로 칠했다.

2 휠도 최신 고증에 의하면 명회백식이라는 설이 있다. 일단 나무젓 가락에 고정하고 단숨에 칠한다.

3 타이어는 붓으로. 키트의 도색 지시에는 러버 블랙이지만, 초보자는 도료를 갖추기 힘드니 검은색 계열은 전부 플랫 블랙으로 칠하면 문제 없다.

4 다 칠한 상태. 디테일이 확실하니까 조금만 조심하면 검은색이 삐쳐 나올 리가 없지만, 그럴 때는 캔 스프레이의 명회백색을 종이컵 등에 받아서 붓으로 리터치해주자.

5 테일 기어 타이어는 칠하기 상당히 힘든 복잡한 부품이다. 이곳도 붓으로 칠해주자. 메인 기어 타이어만큼 눈에 띄지 않으니, 삐친 부분을 진한 워싱 등으로 넘기는 것도 방법이다.

6 이쪽도 최신 고증의 설에 따라서 메인 기어를 티탄 실버와 명회백색으로 칠했다.

7 배기관 주변은 플랫 블랙으로 스프레이 도색. 배기관은 키트 지시에서는 브라운인데, 그건 많이 사용해서 산화된 상태. 이번엔 웨더링 없는 도장이기 때문에, 녹슬기 전의 금속색인 은색으로. 도료는 타미야 에나멜 도료 티탄 실버를 사용했다.

8 (continuation)

9

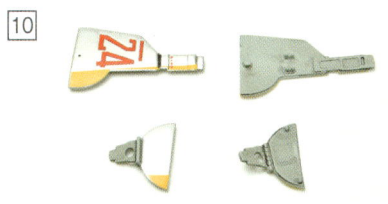

10 기어 커버는 안쪽을 Mr. 웨더링 컬러 멀티 블랙으로 가볍게 워싱한 뒤에, 메탈 실버 부분에 데칼을 붙였다. 노란 띠는 그대로 붙이면 여백이 커버에서 삐쳐 나오니까 꼭 잘라주자.

11 도색을 마치고 기어에 접착한 상태. 도료가 삐쳐 나온 부분의 리커버리를 생각하면 에폭시계 접착제가 좋지만, 초보자 때는 빨리 건조되는 흘려 넣는 접착제면 된다. 많이 만들어서 완성품을 늘리자.

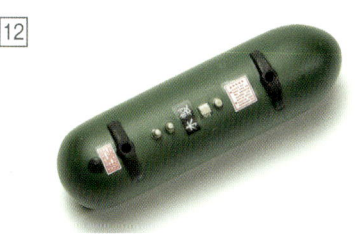

12 연료 탱크는 데칼을 붙인 뒤에 접속부를 타미야 에나멜 도료 플랫 블랙과 티탄 실버로 칠했다. 에나멜 도료는 도막이 약하고 벗겨지기 쉬워서, 그것을 방지하기 위한 조치다.

13 기어는 흔들리는 걸 막기 위해서라도 속건성 무수지 흘려 넣는 접착제로 확실히 고정하자. 눈에 띄지 않은 안쪽이니, 접착제가 약간 삐쳐 나와도 잘 모른다.

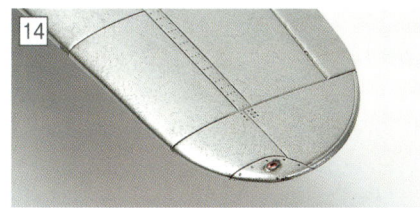

14 포지션 라이트는 타미야 에나멜 도료 클리어 레드와 클리어 블루를 사용해서 투명한 느낌으로. 참고로 비행기의 포지션 라이트는 국제 규정으로 왼쪽은 빨강, 오른쪽은 파란색으로 정해져 있으니 기억해두자.

15 캐노피 표면의 마스킹은 마지막에 벗기자. 이것은 유리 부분을 보호하는 시간을 최대한 늘려서, 캐노피에 흠집이 나는 것을 막기 위해서.

16 캐노피의 마스킹은 시트를 사용해도 어렵다. 약간 삐쳐 나오는 건 흔한 일. 당황하지 말고 이쑤시개 끝으로 살짝 문질러주면 간단히 긁어낼 수 있다.

17 엔진 흡기구는 데칼을 붙이기가 상당히 힘들다. 아무래도 틈새가 생기기 쉬운 부분. 타미야 에나멜 도료 플랫 레드로 리터치 해주자.

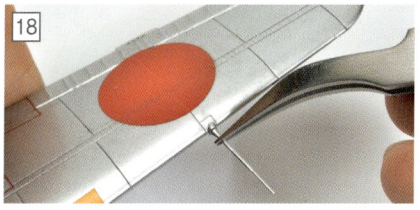

18 마지막으로 피토관을 본체에 접속하면 완성. 여기는 접착제가 삐쳐 나오면 상당히 눈에 띄는 부분이니, 도막을 해치지 않는 타미야 다용도 접착제를 이쑤시개를 이용해 구멍에 찍어준 뒤에 고정하면 좋다.

023

KAWASAKI Ki-61-Id HIEN(TONY)
캔 스프레이로 깔끔한 금속 도색!
카와사키 삼식 전투기 히엔 Ⅰ형 정

제작 / 하야시 텟페이

비행기 모형은 캐노피의 마스킹, 파손되기 쉬운 기어 부분, 작업 보조용 손잡이를 붙일 곳이 없는 동체 등, 초보자를 괴롭히는 부분이 많은 장르입니다. 요즘 시대에 처음 비행기 모형을 만드는 모델러가 제일 즐겁게 만들 수 있는 키트는 뭘까? 다양한 요소를 고려한 결과 도달한 것이 이 히엔입니다. 적은 부품 수와 가조립 없이도 제작이 가능한 타미야의 부품 정밀도, 최대의 난관인 캐노피 마스킹을 해결해주는 시트 포함에, 캔 스프레이만 가지고도 도색할 수 있는 심플하고 훌륭한 배색. 완벽합니다!! 이 How to에서는 「최대한 편하게 멋진 작품 만들기」에 주력했습니다. 히엔과 캔 스프레이를 들고 비행기 모형 데뷔를 해보세요!

이번 작례의 포인트 정리

■ 접착은 흘려 넣는 무수지 접착제 속건성으로 빠르게 ■ 안 보이는 부분은 존재하지 않는 부분. 설렁설렁 해도 OK ■ 무광 블랙과 반광 블랙을 구분할 필요는 없다. 같은 색이면 전부 하나로 OK ■ 마스킹 시트는 자를 대고 자른다. 그냥 자르면 어긋난다 ■ 은색 밑에는 반드시 유광 블랙을 뿌려서 빛 반사율을 높일 것 ■ 은색에 억지로 먹선을 넣지 않아도 된다. 되레 더러워질 수 있으니까 ■ 키트의 도색 지시 외에 최신 고증도 조금만 공부해보자. 다른 사람과 차이가 생기는 포인트다 ■ 데칼은 여백을 자르고 사용하자 ■ 붓칠은 비행기 모형의 필수 테크닉

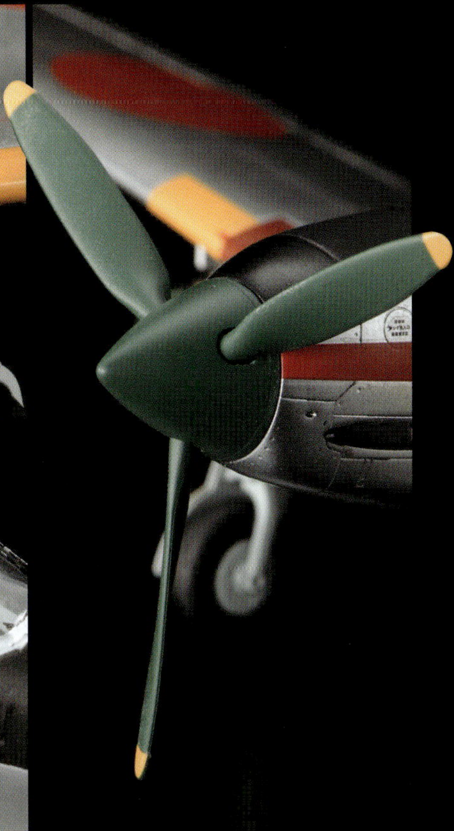

KIT REVIEW

1/48 SCALE MITSUBISHI A6M5/5a ZERO FIGHTER(ZEKE)
미츠비시 영식 함상 전투기 52형/ 52형 갑(甲)

일본을 대표하는 전투기를 마음껏 즐길 수 있는 훌륭한 키트

더 이상 설명이 필요 없는 초 유명 기종 제로센. 2008년에 발매된 리뉴얼판 1/48 제로센 52형은, 그야말로 타미야 제품다운 장점이 가득 들어 있는 키트라고 할 수 있다. 작은 부품까지 딱 들어맞는 부품들 덕분에, 조립만 해도 모형 제작의 즐거움을 충분히 맛볼 수 있을 것이다. 그냥 한번 만들어볼까 하는 기분일 때도, 제대로 만들어보자는 의욕이 생겼을 때도 모두 그만큼 보답을 해주는 명작 키트다.

text / 시게루

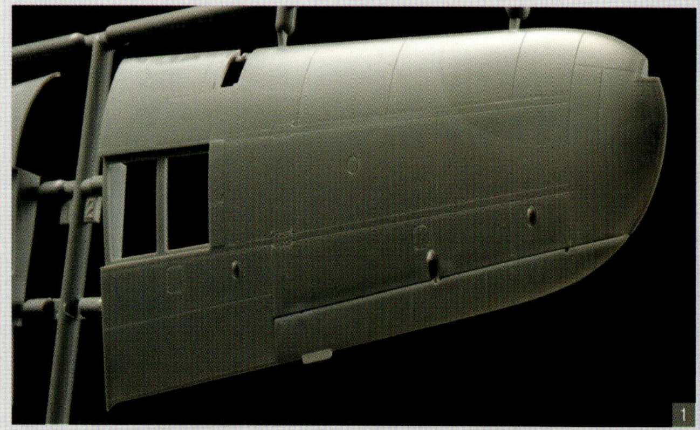

●3,456엔, 발매 중 ●전장 약 19cm

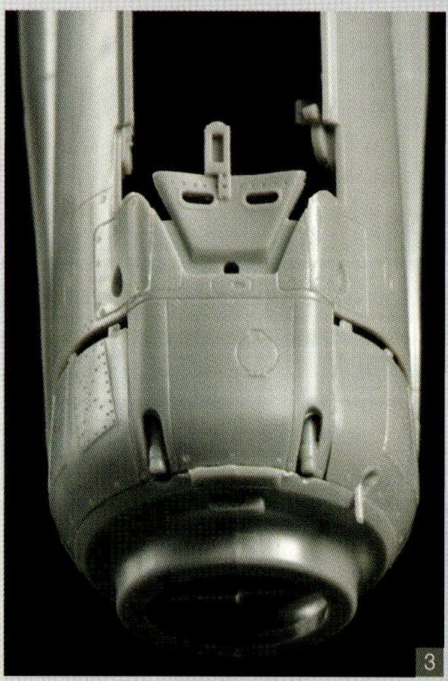

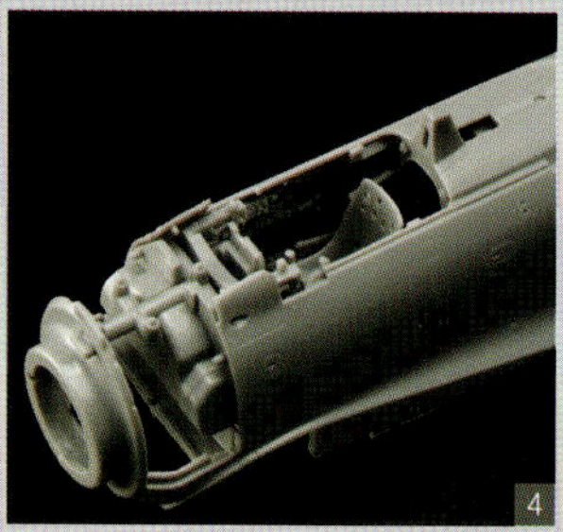

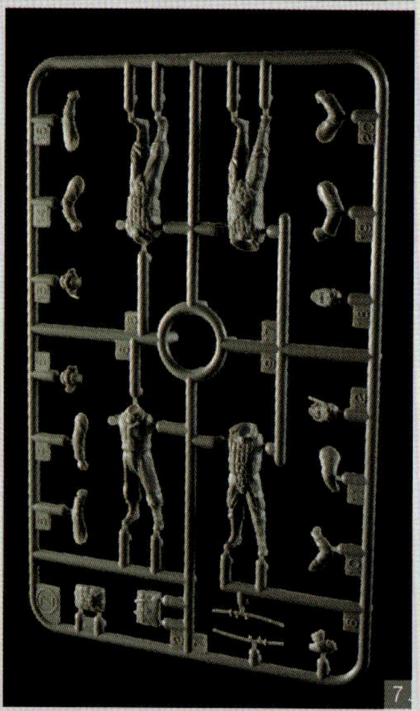

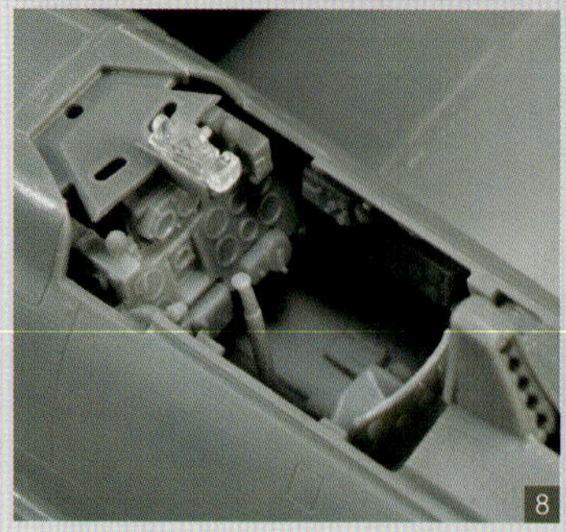

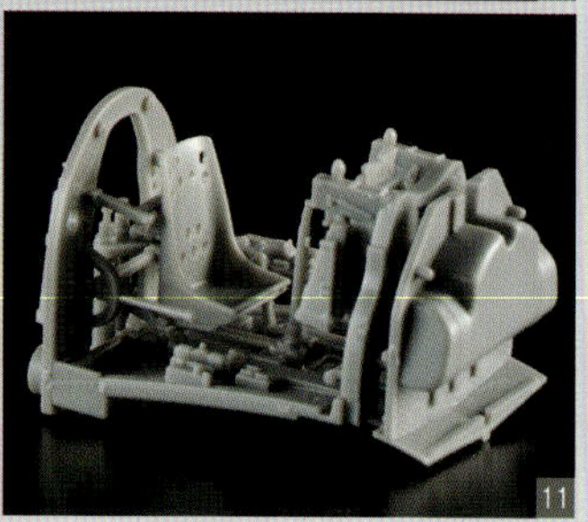

1 부위별로 적절한 포인트가 들어간 주날개 부품. 에일러론 부분의 「움직일 것 같은」 모습이 특히 좋다.
2 탑승한 파일럿 외에 선 포즈의 파일럿 피규어 4개 포함. 서있을 뿐인데 제각기 분위기가 다른다.
3 기체 윗면과 좌우 부품은 각각 3분할되는 구조. 복잡한 부품 분할이지만 달라붙는 것처럼 맞물린다.
4 엔진 기부에서 콕피트로 이어지는 구조적으로 약한 부분에는 지지대 부품이 들어가게 된다.
5 매끄러운 형상의 엔진 카울은 일체성형으로 재현. 반할 것 같은 곡면이다.
6 부품 배치도 타미야 키트의 재미 중 하나. 미학이 느껴지는 런너.
7 이쪽은 피규어 런너. 군도와 기내 소지용 가방 등도 작은 부품으로 표현.
8 콕피트를 조립한 상태. 기총 뒷부분이 보인다.
9 엔진의 푸시로드는 별도 부품인데, 이쪽도 실린더와 딱 물린다.
10 11 콕피트는 먼저 조립한 뒤에 동체와 조합한다. 놀라운 정밀도.

1/48 SCALE MITSUBISHI A6M5/5a ZERO FIGHTER(ZEKE)

12 조립한 상태를 보면 기수에서 기수 뒤쪽으로 이어지는 흐르는 것 같은 라인을 제대로 표현했다는 것을 알 수 있다. 배기관 주변과 랜딩기어, 콕피트 주변 등의 적절한 세밀함과 입체감이 기분 좋다.
13 주날개 밑면의 플랩은 내려온 상태로 조립했는데, 올린 상태로도 조립 가능. 이 각도에서 보면 주날개의 익면이 어떻게 생겼는지 등을 잘 알 수 있다.
14 카울 플랩의 두께와 동체~주날개까지의 필렛의 곡면 등, 섬세한 키트라는 점을 잘 알 수 있는 사진. 캐노피의 두께도 부품으로서의 강성과 모형으로서의 재현도를 잘 감안했다.

15 기체 주날개 부분 부품은 런너 세장으로 나눠서 배치. 부품 숫자는 약간 많지만, 실제로는 52형과 52형 갑을 구분하기 위한 부품과 카울 플랩 개폐 양쪽의 부품이 포함돼 있어서 전부 사용하는 것은 아니다.
16 안쪽으로 오무라드는 것 같은 카울 테두리의 두께와 독특한 모양의 스피노도 확실하게 재현한 기수. 배기관 뒤쪽에 있는 공기 흡입구가 실제로 열려 있는 구조인 것도 기분 좋은 포인트다.

027

HOW TO BUILD
MITSUBISHI A6M5/5a ZERO FIGHTER(ZEKE) modeled by KENTARO

BADGER 에어브러시 시스템으로 비행기 모형을 칠할 수 있을까?

다루기 쉬운 심플한 구조와 싼 가격으로 입문용 에어브러시 도색을 간편하게 즐길 수 있는 TAMIYA-BADGER 에어브러시 시스템. 에어브러시 도색은 해보고 싶지만… 이라고 생각하는 사람 중에는, 이런 간이 에어브러시로 어느 정도까지 할 수 있을까? 하고 궁금해하는 분도 계시리라고 생각합니다. 그래서 이번에는 이 에어브러시를 사용해서 일본을 대표하는 전투기 제로센을 도색해보겠습니다. 도색할 때 어떤 부분이 포인트가 될까요? 바로 알아보겠습니다.

이것이 TAMIYA-BADGER 에어브러시 시스템

▲미국을 대표하는 에어브러시 메이커 BADGER의 에어브러시와 에어 캔, 호스가 세트. 심플한 흡상식 구조. 사진의 이 「TAMIYA-BADGER 250Ⅱ 에어브러시 세트」(3,780엔)이 가장 심플한 것이다. 그밖에 뿌리는 폭을 조절할 수 있는 「TAMIYA-BADGER 350Ⅱ 에어브러시 세트」(7,344엔)도 있다.

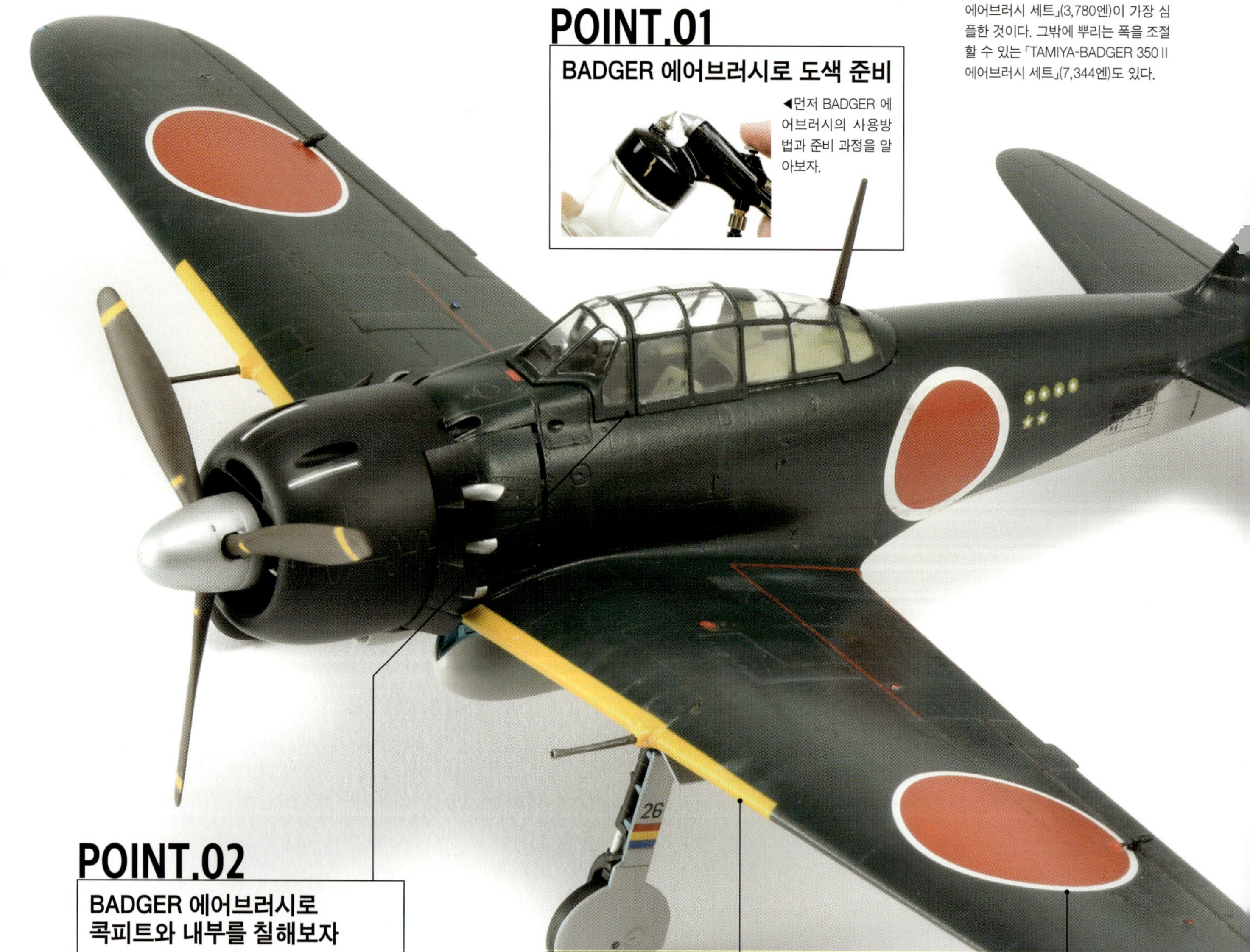

POINT.01
BADGER 에어브러시로 도색 준비

◀먼저 BADGER 에어브러시의 사용방법과 준비 과정을 알아보자.

POINT.02
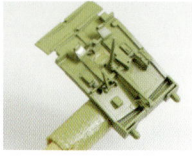
BADGER 에어브러시로 콕피트와 내부를 칠해보자

◀콕피트와 동체 내부를 칠해서 BADGER 에어브러시의 사용 편의를 알아보고, 잘 컨트롤 할 수 있게 해보자.

POINT.03

본체 도색은 마스킹이 포인트

▲일반적인 에어브러시만큼 섬세한 컨트롤은 못 하니까, 마스킹을 철저하게.

POINT.04
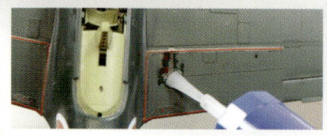
데칼 작업과 리터치

▲깔끔하게 도색한 키트에 명암을 주는 마무리 작업. 마지막까지 방심하지 말고 열심히!

POINT.01   BADGER 에어브러시로 도색 준비

1. 도색에는 손잡이가 필요. 나무젓가락은 싸게 대량으로 살 수 있어서 추천합니다.

2. 나무젓가락에 스카치테이프등을 감아서 부품을 고정할 수 있게 해줍니다.

3. 타미야 래커 도료의 새 색상에 제로센에 딱 맞는 암록색2(일본 해군), 회록색(일본 해군), 명회백색(일본해군)이 라인업. 바로 사용해보겠습니다.

4. 인테리어는 Mr. 컬러 126번과 127번으로 칠합니다.

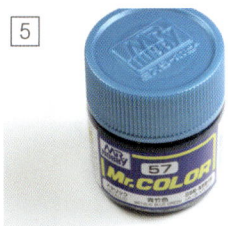
5. 이쪽도 제로센 도색에 빼놓을 수 없는 청죽색. Mr. 컬러 57번입니다.

6. 왼쪽 페이지에서도 소개한 BADGER 에어브러시를 사용합니다. 그 사용방법을 보겠습니다.

7. 포함된 에어 캔 뚜껑을 엽니다. 이 에어 분출구에 어태치먼트를 접속합니다.

8. 캔에 접속하는 어태치먼트와 호스를 연결합니다.

9. 어태치먼트를 캔에 확실히 연결합니다. 어태치먼트 위쪽의 에어 조절 코크는 시계 반대방향으로 돌려서 에어가 나오지 않게 잠급니다.

10. 조절 코크를 시계 방향으로 돌려서 에어 압력을 조절. 핸드 피스의 버튼을 누르면 에어가 분출됩니다.

11. 도료를 넣지 않고, 일단 취향에 맞는 에어 압력을 찾기 위해서 손등에 공기를 뿌려서 테스트합니다.

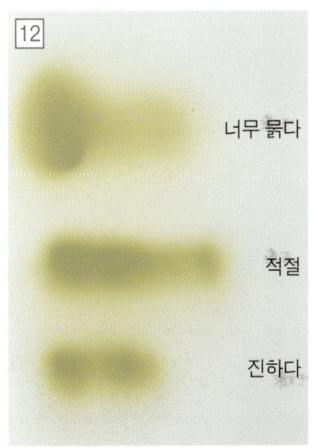
12. 보통 에어브러시와 마찬가지로 도료 농도가 상당히 중요합니다. 진하면 뭉치고, 묽으면 정착하지 않고 흘러버립니다. 희석액으로 도료 농도를 조절하는 방법을 기억해두세요.

13. 에어 캔에서 나오는 에어 압력의 조절. 압력이 높으면 도료가 단숨에 분사돼서 지저분해집니다. 손잡이를 조금씩 열고 닫으면서 조절해보세요.

14. 도료 병을 열면 이렇게, 용제가 분리되어 있는 경우가 있습니다.

15. 조색 막대로 잘 섞어줍니다. 이렇게 해야 도료 본래의 색이 나옵니다.

16. 사용할 만큼 도료 접시나 종이컵에 덜고, 래커용 희석액으로 희석합니다. 도료 1 : 희석액 1 정도가 좋습니다.

17. 희석한 도료를 BADGER 에어브러시의 병에 부어줍니다.

18. 병 안에 도료를 넣으면 다시 잘 섞어주세요. 흡상식 호스 끝도 도료가 있는 위치에 오게 해주세요.

19. 병 안의 호스가 연결된 페인트 노즐. 이곳의 손잡이도 돌려주면 위치를 조절할 수 있고, 그것으로 도료 분출양을 조절할 수 있습니다.

20. 페인트 노즐을 도료 노즐보다 낮게 잡으면 도료 분출량이 줄어듭니다.

21. 세팅이 끝나면 바로 부품에 뿌리지 말고, 티슈 등에 시험해보세요.

HOW TO BUILD

POINT.02 에어브러시로 콕피트와 내부를 칠해보자

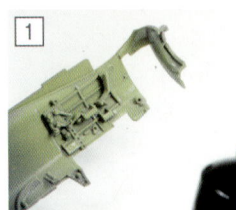
1. 동체 내부에 뿌려줍니다. 이렇게 눈에 띄지 않는 내부 부품으로 BADGER 에어브러시의 감각에 적응하는 것이 좋다고 생각합니다.

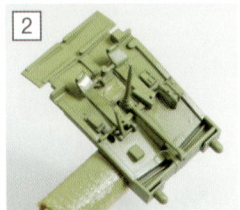
2. 다음으로 콕피트입니다. 디테일도 세밀하니까 도료가 잘 입혀지도록 여러 방향에서 칠해주세요.

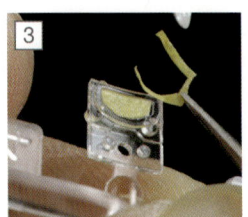
3. 또한 콕피트를 칠할 때는 콕피트 아래쪽 창의 마스킹도 잊지 마세요. 런너 상태에서 마스킹해두면 좋습니다.

4. 한 색의 도색이 끝나면 세척합니다. 먼저 병 안의 도료를 티슈 등으로 닦아줍니다.

5. 호스 안쪽도 가늘게 꼰 티슈 등으로 깨끗이 닦아줍니다.

6. 뿌리는 부분의 세척과 호스 세척 마무리도 겸해서, 희석액을 병에 넣고 뿌려줍니다. 이걸로 약간 남은 도료도 같이 제거할 수 있습니다.

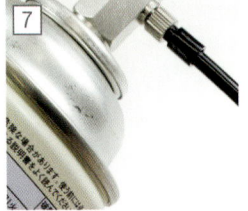
7. 에어 캔이 차가워지면 이렇게 결로가 생깁니다. 이 상태가 되면 에어 압력이 불안정해지니까, 도색을 중지하고 캔의 온도가 올라갈 때까지 기다립니다.

8. 에어 조절 코크를 시계 반대방향으로 최대한 돌려서 에어를 잠그고, 에어 캔에서 어태치먼트를 분리합니다.

9. 마지막으로 에어 캔 뚜껑을 씌우면 정리 종료입니다.

10. 앞으로 도색할 것을 생각해서 캐노피를 마스킹. 캐노피 마스킹은 키트에 포함된 전용 시트를 잘라서 사용합니다.

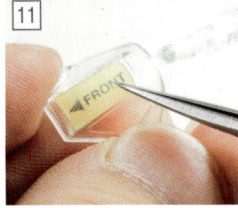
11. 선을 따라 잘라주면 딱 맞습니다. 캐노피 마스킹이 순식간에 끝나니까, 접착제가 마를 때까지 기다리는 사이에 해주면 효율이 좋습니다.

12. 이쪽의 검은색도 먼저 칠해줍니다. 삐쳐 나와도 문제없습니다.

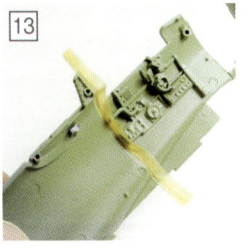
13. 마스킹한 부분 뒤쪽에 청죽색을 칠합니다. 가늘게 자른 마스킹 테이프로 경계 부근만 마스킹해줍니다.

14. 청죽색 같은 메탈릭 도료는 통상적인 도료보다 잘 섞어주세요. 그래야 입자의 느낌이 보다 잘 살아납니다.

15. 도색이 끝난 상태입니다. 청죽색과 인테리어색을 깔끔하게 구분했습니다.

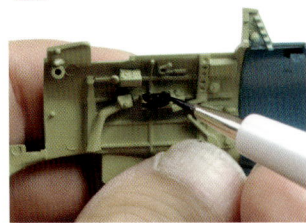
16. 콕피트의 세밀한 부분은 붓으로. P.12에서 소개한 타미야 모델링 브러시 PRO II는 세밀한 도색에 최적! 꼭 한 번 사용해보세요.

17. 각 레버와 스위치도 문제없음. 도료를 절묘하게 머금은 붓의 효과를 체험할 수 있습니다.

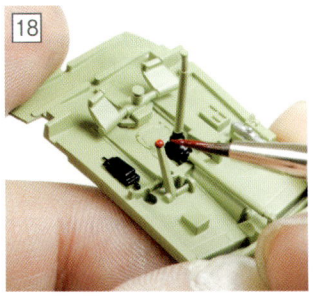
18. 붉은색 등은 액센트가 되니까, 이 정도만 발라줘도 효과를 발휘합니다.

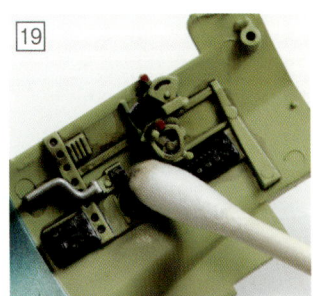
19. 타미야 먹선 도료 다크 브라운으로 먹선. 먹선 넣고 에나멜 용제를 적신 면봉으로 닦아줍니다.

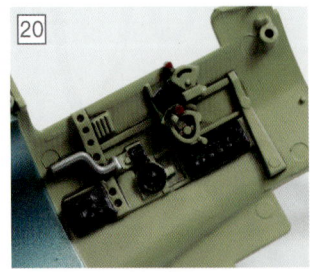
20. 안쪽 부분 도색이 완성됐습니다. 부품의 세밀한 디테일을 도색으로 더 돋보이게 해줬습니다.

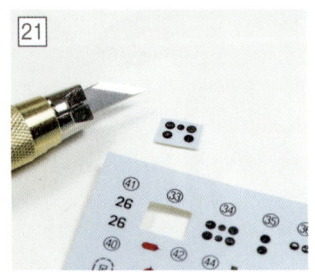
21. 콕피트에는 계기류 데칼이 포함됩니다. 먼저 사용할 것을 아트나이프로 잘라줍니다.

22. 물에 담근 뒤에 키친타월 등에 얹어서 남는 물기를 제거하고, 데칼이 움직이게 될 때까지 기다려줍니다.

23. 계기의 디테일에 맞춰서 데칼을 붙여줍니다. 세밀한 작업이라서 핀셋을 사용합니다.

1/48 SCALE MITSUBISHI A6M5/5a ZERO FIGHTER(ZEKE)

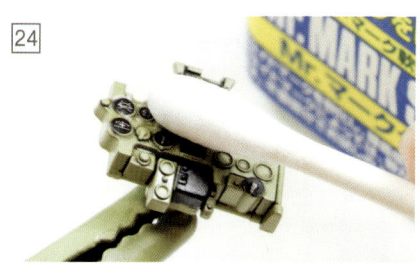
24 마크 세터를 데칼 위에 발라서 데칼을 밀착시킵니다. 면봉을 굴려서 디테일에 맞춰줍니다.

25 원포인트 팁. 계기 부분에 클리어를 붓으로 칠해서 유리의 투명감을 재현합니다.

26 콕피트의 도색이 끝났습니다. 이 키트의 디테일은 경이적인 수준입니다. 특별한 개조 없이도 이 정도 완성도가 됩니다.

27 콕피트와 내부 도색이 끝나면 十자 모양으로 조립합니다.

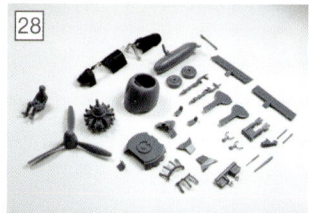
28 또한 칠하기 쉽도록, 작은 부품은 아직 본체에 접착하지 않습니다.

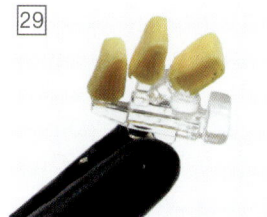
29 조준기도 기부 부분을 검게 칠해야 하니까, 나머지 부분을 마스킹해줍니다.

30 본체 밑면 도색에 사용하는 것은 타미야 래커 도료 명회백색(일본 해군)입니다.

POINT.03 본체 도색은 마스킹이 포인트!

1 콕피트 내부에 도료가 묻지 않도록 마스킹. 세밀한 부분은 테이프로 보호하고, 콕피트 안에 티슈를 채워서 안을 채워줍니다.

2 그 뒤에 티슈 위를 마스킹 테이프로 덮어주고, 부품의 테두리 등도 마스킹해주면 OK.

3 이 시점에서 콕피트 뒤쪽을 기체 내부 도색에도 사용한 콕피트 색으로 칠해줍니다.

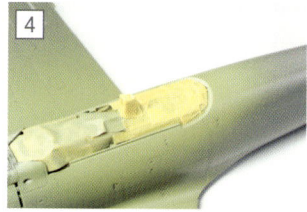
4 도료가 마르면 마스킹 테이프로 확실히 덮어줍니다.

5 테일 기어 수납 부분의 기체 내부색을 보호하기 위해 마스킹. 여기서도 티슈를 사용.

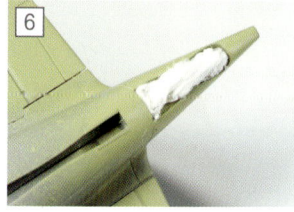
6 티슈를 꼬아서 채워주면 OK.

7 밑면을 도색합니다. 희석액으로 희석한 도료를 BADGER 에어브러시 병에 넣어줍니다.

8 넓은 면에 한 가지 색을 균등하게 뿌려야 하니, 에어 압력을 약간 높게 설정합니다.

9 도료의 농도, 에어 압력 조절이 끝나면 밑면에 명회백색을 뿌려줍니다. 너무 두껍게 뿌려지지 않도록, 몇 번에 나눠서 칠해주세요.

10 윗면과 밑면의 경계 부분은 마스킹으로 처리합니다. 이때 활약하는 것이 타미야의 곡선용 마스킹 테이프 2mm. 곡선을 매끄럽고 깔끔하게 붙일 수 있습니다.

11 수평 꼬리날개를 기준으로 경계선을 마스킹. 이렇게 거리가 짧은 곳에서 곡선 마스킹 테이프가 어떤 느낌으로 붙는지 체크합니다.

12 동체 중앙 부분은 경계가 가장 눈에 띄는 부분. 먼저 어느 정도 길이가 필요한지 본체에 맞춰봅니다.

13 키트에 동봉된 도색 가이드를 참조하면서 곡선을 만들어갑니다. 주름지지 않고, 매끄럽게 만들어주세요.

14 날개 끝은 윗면을 칠할 때 도료가 흘러내리기 쉬운 곳. 날개 끝의 곡선에 맞춰서 곡선 마스킹 테이프를 붙입니다.

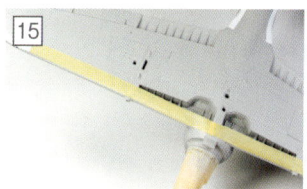
15 주날개의 마스킹 테이프를 한번에 쭉 당겨 붙여줍니다. 양쪽 날개 끝에 붙인 곡선 마스킹 테이프를 서로 이어주는 모양으로 붙여줍니다.

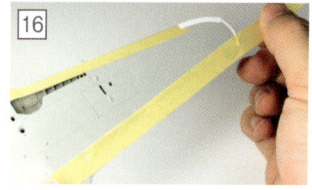
16 반대쪽도 마찬가지로, 날개 끝을 확실히 마스킹해줍니다.

HOW TO BUILD

17
날개 끝의 모양에 맞춰서 아트나이프로 대략적으로 잘라줍니다.

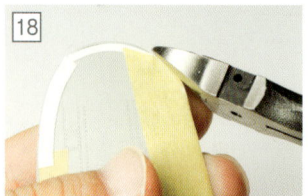
18
각을 살리고 싶은 부분은 갓핸드의 마스퍼가 편리. 딱, 소리와 함께 잘리는 느낌에 중독됩니다. 마스킹 테이프를 정말 깔끔하게 잘라줍니다.

19
수평 꼬리날개도 마찬가지. 날개 끝부분을 곡선 마스킹 테이프로 효율적으로 마스킹 해줍니다.

20
밑면과 윗면의 경계 마스킹이 끝났습니다. 이제 넓은 면을 단숨에 마스킹합니다.

21
먼저 복사용지를 날개 크기에 맞춰서 자릅니다.

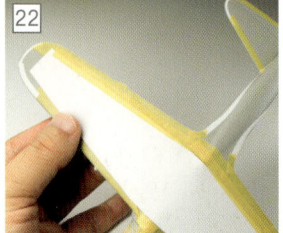
22
이렇게 날개 밑면에 붙여줍니다.

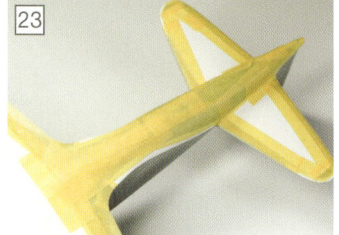
23
동체와 수평 꼬리날개 부분도 마찬가지로. 복사용지와 마스킹 테이프를 병용해서 마스킹합니다.

24
마스킹이 끝나면 타미야 래커 암록색2(일본 해군)으로 윗면을 칠해줍니다.

25
다음엔 캐노피입니다. 바로 암록색을 뿌리는 게 아니라 먼저 검정을 칠해줍니다.

26
그 뒤에 암록색을 칠합니다. 이것은 안쪽에서 봤을 때 비치는 것을 막아줍니다.

27
클리어 런너를 똑같이 칠해서 설명하겠습니다. 이쪽은 암록색을 뿌린 앞면입니다. 이 밑에 검정색을 칠했습니다.

28
뒤집어보면 아래에 칠한 검정이 보입니다. 이것이 캐노피 안쪽에서 본 상태입니다. 기본색 밑에 검정을 칠해주기만 해도 느낌이 크게 달라집니다. 기내색을 칠하는 경우도 있습니다.

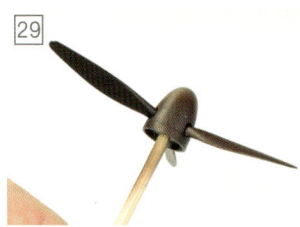
29
프로펠러와 스피너를 칠합니다. 먼저 프로펠러의 브라운을 칠합니다

30
스피너를 은색으로 칠하기 위해 프로펠러를 마스킹합니다.

31
마스킹을 끝내면 BADGER 에어브러시로 은색을 뿌려줍니다.

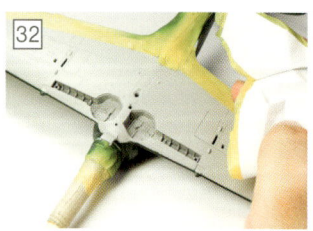
32
밑면의 마스킹을 벗기고, 다음에는 기어 수납부를 칠합니다.

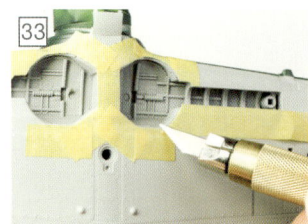
33
수납고 마스킹은 약간 세밀합니다. 주변을 작게 자른 마스킹 테이프로 감싸줍니다.

34
도료가 튀는 것도 고려해서 그 주변도 잘 덮어줍니다.

35
마지막으로 복사용지를 사용해서 전체를 가려줍니다.

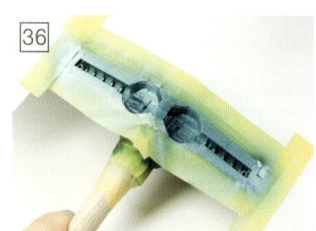
36
마스킹이 잘 됐으면 청죽색을 뿌려줍니다.

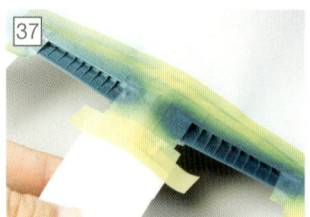
37
플랩 안쪽도 청죽색으로.

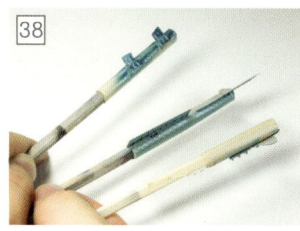
38
안쪽을 청죽색으로 칠하는 부분이 의외로 많으니, 도장 가이드를 보며 빠트린 곳이 없는지 확인해주세요.

39
다음으로 먹선. 타미야 먹선 도료 다크 브라운을 디테일에 흘려 넣어줍니다.

40
윗면도 마찬가지로 처리. 마른 뒤에 먼지가 일어나지 않는 킴와이프스(와이퍼)로 단숨에 닦아줍니다.

POINT.04 데칼 작업과 리터치

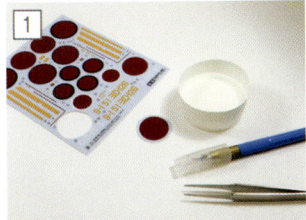
1
다음으로 데칼을 붙입니다. 습식 데칼이니 물을 준비합니다.

2
데칼을 물에 담근 뒤에 티슈 등에 올려서 남는 물기를 빼줍니다.

3
데칼이 바탕지에서 움직이게 되면 정해진 위치에 붙여줍니다.

4
키트에 1/48 실물 크기의 도색 가이드가 있으니, 이것을 보면서 위치를 조정합니다.

5
남는 물기를 면봉으로 닦아주면서 데칼을 부품에 밀착시켜줍니다.

6
데칼이 디테일에 잘 밀착되도록 마크 소프터를 발라줍니다.

7
마크 소프터가 마르면 데칼이 디테일에 잘 달라붙습니다. 그리고 디테일 부분의 데칼이 찢어졌습니다.

8
그럴 때는 같은 색의 빨간색을 콕콕 찍어서 칠해주면 됩니다.

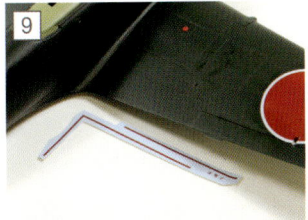
9
다음엔 워크웨이의 데칼을 붙입니다. 물에 담근 뒤입니다.

10
먼저 ㄴ자 모양을 디테일에 맞춰서 붙입니다.

11
핀셋으로 위치를 조정합니다.

12
조금 전에 붙인 ㄴ자 데칼을 기준으로 반대쪽도 붙입니다. 면봉으로 밀착시키세요.

13
작고 섬세한 데칼이니 다 마르지 않으면 금세 벗겨집니다. 다른 작업을 하다 건드리지 않게 조심하세요.

14
주날개 앞면에 있는 식별띠도 데칼이 포함돼 있습니다. 먼저 잘라낸 식별띠를 물에 담급니다.

15
20mm 기총의 디테일 부분은 아트나이프로 더 깊이 칼집을 내서 곡면에 잘 붙게 해주세요.

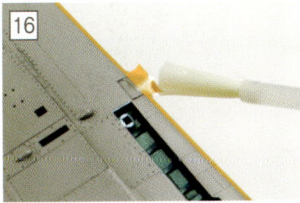
16
마크 소프터를 사용해서 데칼을 연화해줍니다. 이걸로 데칼 부분에 밀착됩니다.

17
상당히 잘 밀착됐지만, 감은 부분의 경계가 약간 드러났습니다. 이것도 리터치로 대처 가능합니다.

18
데칼이 마르면 식별띠를 노란색으로 붓칠. 경계 부분에 콕콕 찍어주세요.

19
워크웨이의 데칼을 보니 호쾌한 실버링(하얗게 떠 보이는 현상)이. 여기도 당황하지 말고 대처합니다. 실버링은 데칼이 잘 밀착되지 않아서 일어나는 현상입니다.

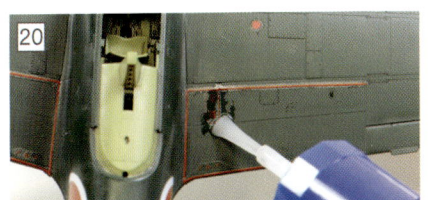
20
마크 세터의 풀 성분으로 잘 밀착시킵니다. 실버링이 일어난 부분에 마크 세터를 바릅니다.

21
이 상태에서 아트나이프 날 끝으로 데칼의 여백 부분에 작은 칼집과 구멍을 냅니다. 마크 세터가 데칼 아래로 침투해서, 데칼이 밀착됩니다.

22
마지막으로 Mr. 웨더링 컬러 멀티 화이트와 그레이시 브라운으로 공기저항으로 생긴 얼룩을 재현. 진행 방향을 의식해서 도료를 닦아주면 그럴듯하게 표현됩니다.

MITSUBISHI A6M5/5a ZERO FIGHTER(ZEKE)

타미야 래커 도료의 새로운 색과 간이 에어브러시 도색으로 제로센을 칠해보자

제작 / 켄타로

간이 에어브러시에서 포인트가 되는 부분은 에어 압력과 도료의 농도 조절. 이것은 일반 에어브러시에서도 아주 중요한 부분입니다. 간이 에어브러시로 에어 도색의 즐거움을 알게 되어 에어브러시 도색의 즐거움을 더 체험하고 싶은 분은 부디 이것을 기회로 보다 깊은 에어브러시의 세계로. 또한 간이 에어브러시로도 이번 같은 작례는 제작 가능합니다. 이쪽도 좀 더 파고들어 봐도 좋다고 생각합니다.

1

2

1 2 / 도색한 뒤에 GSI 크레오스의 프리미엄 탑코트 반광으로 마감해서 데칼과 도색면을 보호.
3 / 캐노피는 키트에 포함된 마스킹 시트를 사용해서 꼼꼼하게 마스킹. 캐노피의 틀은 검정→암록색 순서로 칠해서, 안쪽에서 비치지 않는다.
4 / 청죽색도 깔끔하게 발색. 간이 에어브러시로도 이 정도로 깔끔하게 칠할 수 있다.
5 / 날개 표면에 공기 저항에 의한 희미한 얼룩을 Mr. 웨더링 컬러 멀티 화이트와 그레이시 브라운으로 표현해줬다.

이번 작례의 포인트 정리

- BADGER 에어브러시 시스템의 사용 방법을 알아보자
- 도료 농도와 에어 압력 조절을 익히자
- 기체 내부 등의 눈에 띄지 않는 곳을 칠하면서 BADGER 에어브러시에 익숙해지자
- 가늘게 뿌리기 등의 컨트롤이 힘드니, 그만큼 마스킹을 꼼꼼하게

KIT REVIEW

1/48 SCALE ILYUSHIN IL-2 SHTURMOVIK
일류신 IL-2 슈트르모빅

"하늘의 전차"라 불리는 박력을 정밀한 키트로 맛보는 행복

강력한 장갑과 화력으로 독일군 격퇴의 원동력 중 하나가 되었던 IL-2 슈트르모빅. 콕피트에서 엔진까지 덮은 방탄판이 구조재를 겸하는 등의 합리적인 설계와 중무장으로 알려진 기체다. 타미야에서 1/48 키트로 발매된 것은 2012년. 투박함과 곡선미를 동시에 맛볼 수 있고, 피규어에도 생동감이 느껴지는 좋은 키트 구성이다.

text / 시게루

● 4,644엔, 발매 중 ● 약 24.3cm

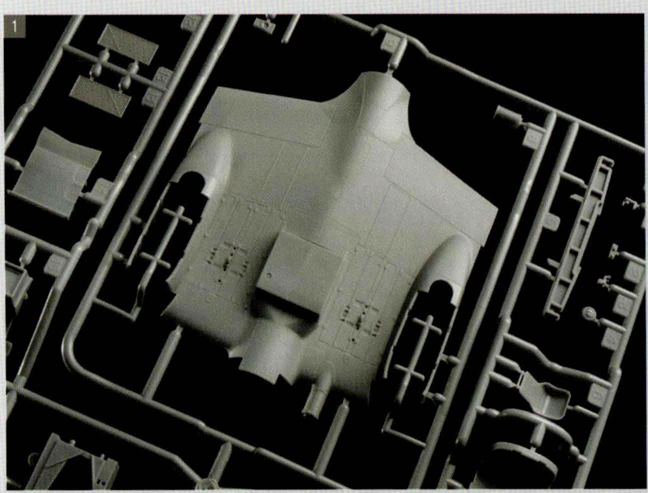

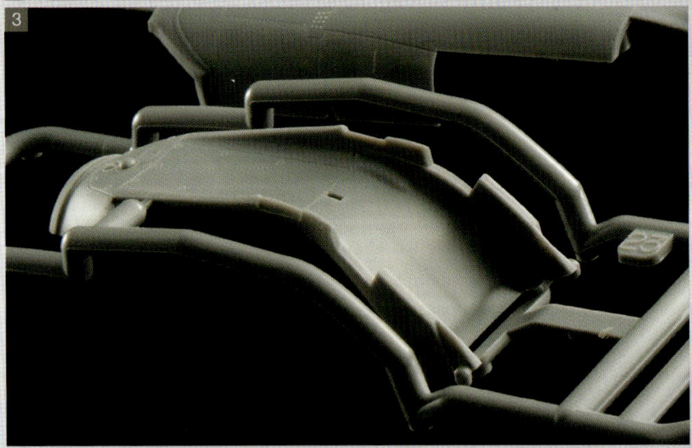

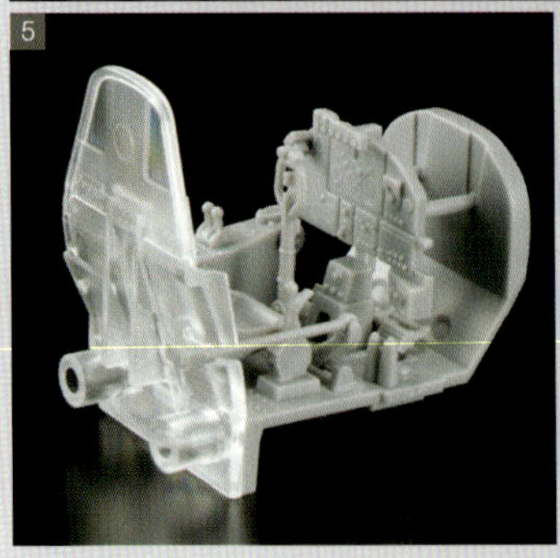

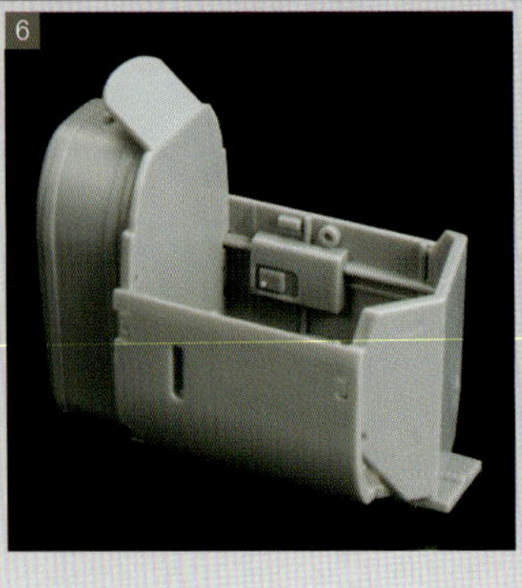

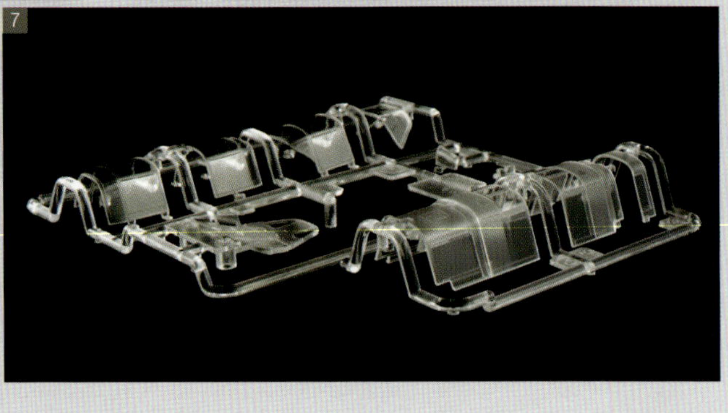

1. 주날개 중앙부는 일체 성형. 이 부분 뒷면에 IL-2의 큰 특징인 기체 내부에 배치된 라디에이터를 장착할 수 있게 설계되어 있다. 기어 수납고의 페어링부터 시작되는 곡선이 훌륭하다.
2. 상하로 분할된 주날개. 별도 부품인 중앙부의 폭 만큼, 아래쪽 주날개 부품이 작다. 표면에는 각종 패널들이 다수 조각돼 있어서 시각적 만족을 준다.
3. 기수 안쪽에 들어가는 인테이크는 처음부터 물결 모양으로 성형됐다. 부품과 같이 구부러진 런너가 흥미롭다.
4. 엔진까지는 재현하지 않았지만, 「이 부분에 셸에 덮인 모양으로 엔진이 들어가 있다」는 것을 충분히 이해할 수 있다.
5. 시트 뒤쪽에 달린 방탄유리가 투명하게 성형된 콕피트 앞쪽. 각종 계기의 입체감도 훌륭하다.
6. 둥그스름한 기내 형상을 잘 알 수 있는 뒷좌석 부분. 뒤에 달린 것은 연료 탱크다.
7. 캐노피는 닫힌 상태와 열린 상태가 별도 부품으로 포함. 캐노피 여닫기가 귀찮은 기체인 만큼 고마운 배려다.

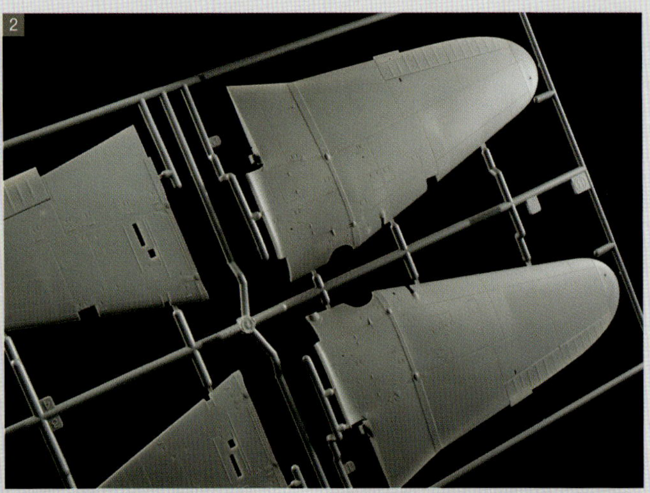

8 둥그스름한 느낌과 스마트한 날렵함이 동시에 존재하는 IL-2의 형태를 멋지게 재현. 주날개 후퇴각도 딱 좋은 각도로 나왔다. 전체를 봤을 때 유난히 투박한 느낌의 창틀 주변이 눈길을 끈다.
9 뒤쪽에서 보면 주날개 후퇴각이 한층 인상적인 IL-2. 각 날개 위쪽 가장자리도 얇게 처리됐다.
10 샤프한 인상의 프로펠러 스피너의 몰드도 실감이 넘친다. 기수 윗면에 달린 인테이크에는 십자형 정류판이 있는데, 이것도 가로세로를 별도 부품을 물리게 해서 재현했다.
11 비교적 크고 최신 키트다보니 부품 숫자가 약간 많다. 오른쪽 아래에 있는 노란 종이는 캐노피 마스킹용 마스크 씰.
12 오른쪽이 앞쪽 파일럿, 왼쪽이 뒷자리의 기총수. 파일럿은 비행 자세지만, 기총수는 두 팔을 기총에 얹은 모습이다.
13 뒷자리에 기총수를 앉힌 상태. 기관총을 조종하는 포즈라서 의외로 눈길을 끈다.

HOW TO BUILD
ILYUSHIN IL-2 SHTURMOVIK modeled by DAISUKE ITO

월간 하비 재팬 편집부의 도전!!
비행기 모형을 붓도색으로 즐겨보자!!

다음엔 비행기 모형을 붓도색으로 즐겨보겠습니다! 사용할 키트는 군용기 사상 최다인 36,000대 이상이 양산돼서 독일 전차부대에 괴멸적인 타격을 입힌 IL-2 슈트르모빅. 중후한 기체인 만큼 붓도색이 딱 어울립니다! 붓도색을 설명하는 것은 월간 하비 재팬의 인기 연재 「Ma.K.in SF3D」의 편집 담당이자 마시넨 크리거의 원작자인 요코야마 코우 선생님께 배운 붓도색으로 다양한 모형을 즐기고 있는 이토 다이스케. 과연 이 IL-2를 붓도색으로 어떻게 표현할까요? 본지 편집 담당(탄)과의 대화로 즐겨보세요.

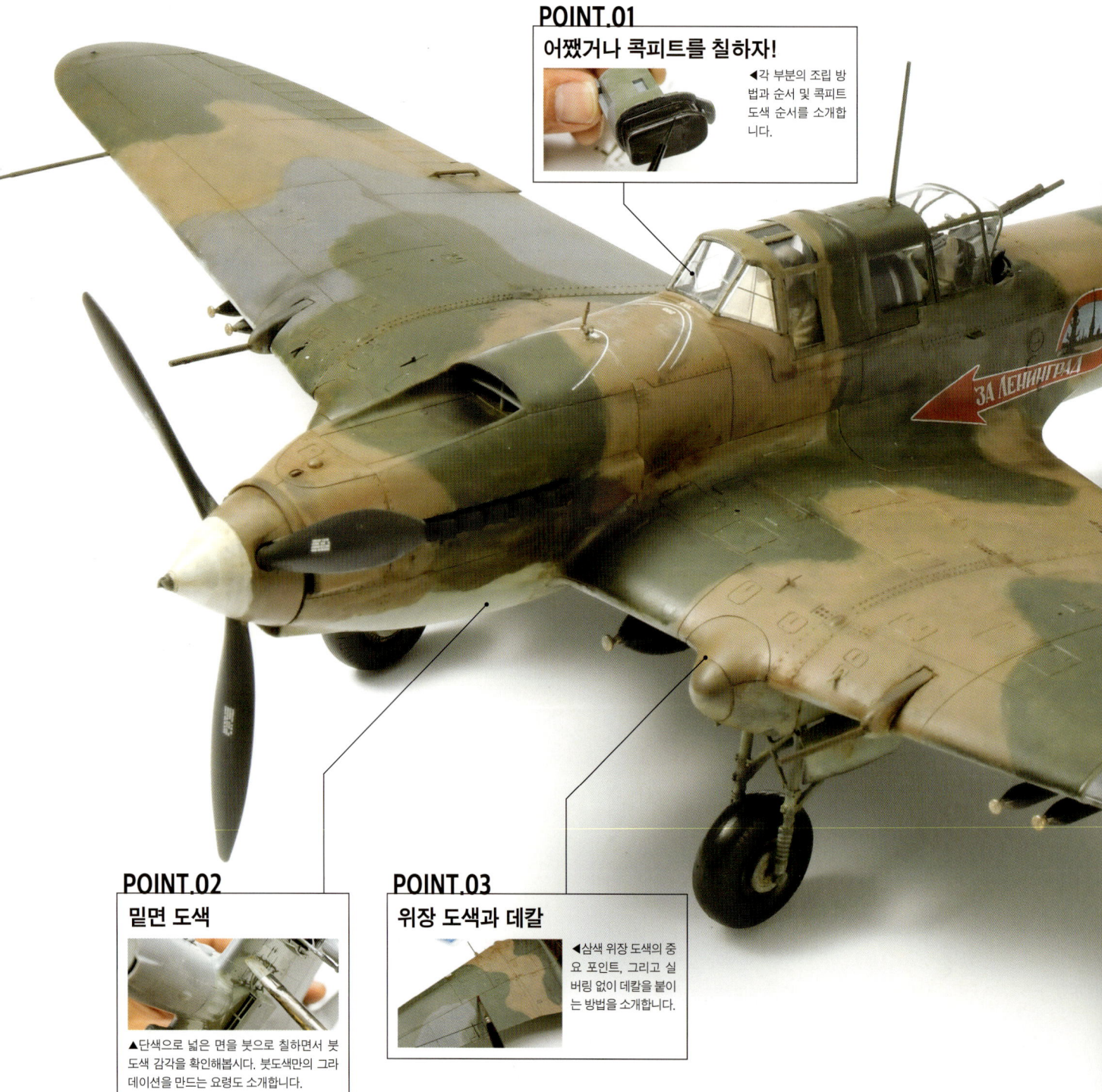

POINT.01
어쨌거나 콕피트를 칠하자!
◀각 부분의 조립 방법과 순서 및 콕피트 도색 순서를 소개합니다.

POINT.02
밑면 도색
▲단색으로 넓은 면을 붓으로 칠하면서 붓도색 감각을 확인해봅시다. 붓도색만의 그라데이션을 만드는 요령도 소개합니다.

POINT.03
위장 도색과 데칼
◀삼색 위장 도색의 중요 포인트, 그리고 실버링 없이 데칼을 붙이는 방법을 소개합니다.

POINT.01

> 어쨌거나 콕피트를 칠하자!

탄 : IL-2 키트를 붓도색으로 부탁드립니다.
이 : 소련기는 처음이네요~.「하늘의 전차」라고 불린 만큼 엄청난 박력. 대형 주날개가 멋집니다.
탄 : 조립과 도색의 핵심 포인트도 잘 부탁드립니다.
이 : 알겠슴다!!

1
이 : 제 경우에는 어느 정도 조립한 뒤에 붓도색을 합니다. 이런 느낌으로. 이 상태가 될 때까지의 핵심 포인트를 보겠습니다.

2
탄 : 날개 접합선 처리군요.
이 : 흘려 넣는 접착제로 접착한 뒤에 날개 곡면을 해치지 않게 스펀지 사포로 연마해서 접합선을 처리합니다. 다른 곳도 같은 요령으로 해주세요.

3
탄 : 등의 접합선이 남았네요.
이 : 그럴 때는 웨이브의 순간접착제 하이스피드를 퍼티 대신 흘려 넣어서 접합선을 처리합니다.

4
이 : 순접이 굳으면 먼저 아트나이프로 대략 대패질을 해주고…

5
이 : 그 뒤에 스펀지 사포로 면을 깔끔하게 정리합니다.
탄 : 접합선이 깔끔해졌네요~

6
탄 : 다음엔 붓도색용 도료군요.
이 : 기본적으로는 타미야와 GSI 크레오스의 래커 도료를 사용합니다.

7
이 : 빨리 비행기를 土모양으로 만들고 싶으니까, 먼저 콕피트를 칠합니다. 올리브 그린에 라이트 블루를 조금 섞어서 칠합니다.

8
이 : 너무 예민해지지 말고 팍팍 칠해줍니다. 단, 도료가 마르지 않은 곳을 자꾸 건드리면 지저분해지니까 조심하세요.

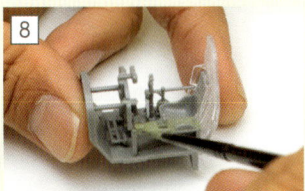

9
이 : 기본색이 마르면 다음은 작은 부분을. 설명서의 가이드를 보면서 칠해줍니다.

10
이 : 각 부분을 칠했으면 계기판의 데칼을 붙입니다.
탄 : 데칼을 붙이니까 금세 콕피트처럼 보이네요.

11
이 : 데칼이 마르면 콕피트의 먹선&웨더링을 겸해서 Mr. 웨더링 컬러의 그랜드 브라운을 전용 희석액으로 희석해서 칠해줍니다.

12
탄 : 워싱이군요.
이 : 흥건하게, 각 부분에 자연스럽게 흘러드는 느낌으로 해줍니다.

13
이 : 이 상태면 상당히 좋은 분위기가 나니까, 굳이 도료를 닦아내지 않아도 좋을 것 같습니다.

14
이 : 콕피트에 이어서 뒤쪽 기총좌와 콕피트 안쪽 부분도 칠해줍니다.

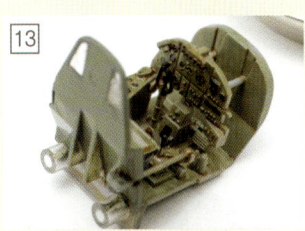

15
이 : 도료가 완전히 마르면 콕피트와 후부 기총좌를 동체에 장착합니다.
탄 : 피규어는 태울 거죠?
이 : 그렇죠. 그래서 피규어에 가려지는 자잘한 부분은 칠하지 않았습니다. 그게 효율적이죠.

16
이 : 기어 수납고도 지금 타이밍에서 칠해줍시다! 도료가 삐져나와도, 나중에 다른 색으로 덮어버리면 되니까 신경 쓰지 말고 칠합니다.

17
이 : 드디어 동체와 주날개 부품을 접착합니다! 이 (기수-주날개-꼬리날개가 제자리를 잡아) 土 모양이 되는 순간이 너무 좋습니다!

「土」모양이 되는 순간!!

18
짜잔!!
탄 : 오! 정말 멋지네요.
이 : 주날개의 볼륨이 최고입니다.

HOW TO BUILD

POINT.02 — 밑면 도색

1
이 : 지금부터는 정말 즐거운 시간입니다. 모형이 캔버스라는 생각으로 칠해줍니다. 라이트 블루와 카키 그린을 조금 도료 접시에 덜어줍니다. 여기서 팁 포인트는 도료를 너무 많이 덜지 않는 것과, 이 두 색을 바로 섞지 않는 것. 도료 접시 안을 잘 이용해서 원하는 정도로 섞어주면서 칠해줍니다..

2
이 : 먼저 음영이 생길 것 같은 부분을 칠합니다. 카키 그린에 라이트 블루를 조금 섞어서 칠합니다. 농도는 플라스틱이 약간 비칠 정도로.
탄 : 음영을 만드는 것이군요.

3
이 : 한 번에 입히는 게 아니라, 처음엔 약간 묽은 도료를 칠합니다. 면도 넓으니 평붓을 사용해서.

4
이 : 이곳이 음영이 지는 부분입니다. 밑면의 메인 컬러인 라이트 블루는 상당히 밝은 색이라서, 이 정도 그린으로도 충분히 분위기가 납니다.
탄 : 의외로 밝아 보이네요~. 괜찮으려나?

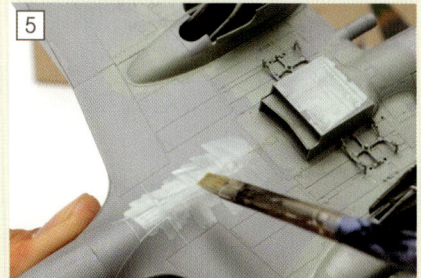

5
이 : 시험 삼아 라이트 블루를 쓱싹 칠해보겠습니다.
탄 : 아, 이거 정말 밝네요.

6
이 : 어떠세요? 조금 전에 칠한 부분이 어둡게 보이죠?
탄 : 정말이네. 이 정도면 음영이 생기겠네요.
이 : 날개 끝 등을 이 밝은 라이트 블루로 칠해보겠습니다.

7
이 : 도료를 조금씩 쓰니까, 다 떨어지면 도료를 접시에 추가합니다. 조금 전에 쓰던 접시라도 괜찮습니다. 남은 도료가 적당히 섞이면서, 모형에 겹칠할 때에 절묘한 그러데이션 효과를 발휘합니다.
탄 : 진한 소스 같네요….

8
탄 : 각 부분에 다양한 그린과 라이트 블루가 들어갔군요!
이 : 아직 지저분하지만, 대략 이런 분위기가 됩니다. 도료를 조금씩 쓰면 색이 단번에 입혀지지 않으니까, 분위기 있는 그러데이션이 나오게 됩니다.

9
이 : 거의 다 칠했습니다. 묽은 도료로 칠해서 디테일도 묻히지 않았죠.
탄 : 음영도 좋은 느낌이네요.
이 : 붓도색만의 분위기죠. 래커 도료는 덧칠하면 밑색이 절묘하게 녹는데, 그게 또 좋은 분위기를 자아냅니다.

POINT.03 — 위장 도색과 데칼 붙이기

1
탄 : 다음은 윗면이군요.
이 : 메인 컬러니까요! 먼저 위장의 윤곽을 그려봅시다.
탄 : 색칠공부 같네요~

2
짜잔!!!
탄 : 뭐죠 이건?!
이 : 멋지죠. 새로운 위장. 이 아니고, 각 위장의 윤곽을 그리고 칠할 색을 알기 쉽게 사선으로 표시해둔 것입니다.
탄 : 이거 괜찮으려나….

3
이 : 괜찮다니까요. 오히려 칠할 색을 확실히 알 수 있고 빨리 처리됩니다. 밑면을 칠할 때처럼, 묽은 도료로 각 위장 부분을 칠해줍니다.

4
이 : 위장의 경계는 두 색을 조금 섞어서 희석한 것으로 칠해주면 좋습니다. 이쪽은 갈색을 칠한 도료 접시에 그대로 회색을 추가했습니다. 이렇게만 해줘도 위장의 경계가 자연스러워지니까 꼭 한 번 해보세요. 도료는 반드시 희석해서 칠해주세요.

5
이 : 캐노피를 닫아버리면 피규어가 잘 안 보이게 되니까, 거기 사람이 있다는 것만 알 수 있도록 분위기를 중시해서. 설명서의 도색 가이드에 따라 각 부분을 칠해줍니다.

6
이 : 상당 부분 도색이 끝났습니다!
탄 : 피규어가 타니까 좋네요! 다음엔 뭘 하죠?

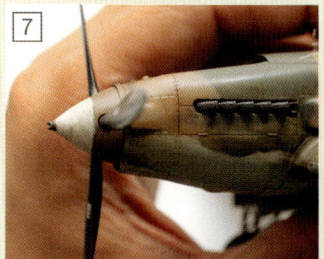

7

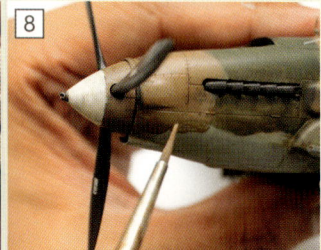

8
이 : 일단 윗면의 위장과 밑면을 보면서, 색이 삐친 곳은 없는지 체크합니다. 그런 부분이 있으면 리터치해줍니다.

1/48 SCALE ILYUSHIN IL-2 SHTURMOVIK

데칼을 붙이자!

탄 : 드디어 데칼이군요.
이 : 먼저 데칼을 불리기 위한 물과, 데칼의 접착력을 좋게 해주는 마크 세터를 도료 접시에 덜어줍니다.

이 : 데칼을 물에 담갔다가 키친타월 위에 올려서 남은 물기를 빼줍니다.

탄 : 어… 너무 여러 개를 담갔네요. 두 세 개 정도면 되는 게 아닌가요?
이 : 괜찮습니다. 조금 전의 마크 세터를 이용해서 빠르게 붙일 테니까요.

이 : 데칼을 바탕지에서 뗀 뒤에, 접착면에 마크 세터를 바로 발라줍니다.
탄 : 어~ 괜찮나요?
이 : 계속 담가두면 녹으니까, 참방참방, 빠르게 해주는 게 포인트입니다.

붙입니다. 자리를 잡은 뒤에는 건드리지 않습니다. 세터가 마를 때까지 가만히 기다립니다. 건드리지 말고.
탄 : 괜찮으려나….

이 : 같은 방법으로 붙인 수직 꼬리날개의 마킹입니다. 마크 세터의 효과로 데칼이 디테일에 밀착된 게 보입니다.

탄 : 데칼이 깔끔하게 붙었네… 마크 세터에 첨벙 담갔다가 붙이다니….
이 : 첨벙이 아닙니다. 참방참방. 첨벙 담그면 녹습니다. 세터에 참방참방입니다.
탄 : ….

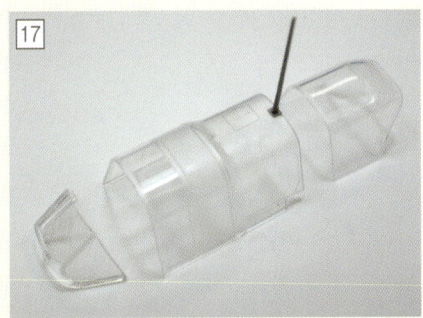

탄 : 다음은 캐노피군요~ 먼저 키트에 포함된 마스킹 시트를 잘라서 붙여야겠죠?
이 : 마스킹 시트? 붓도색이라서 안 씁니다.
탄 : 예? 서비스잖아요. 쓰죠~
이 : 붓도색에선 괜찮습니다. 그리고 붓도색은 뿌리는 도색보다 도료가 많이 입혀지니까, 시트 사이로 들어갔을 때 단차가 커지는 게 무서워서 안 씁니다.

이 : 끝이 잘 모인 붓을 사용합니다. 세밀한 부분을 칠해야 하니까.

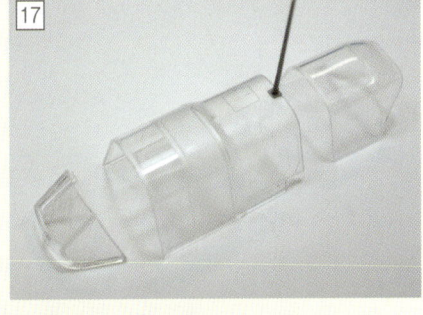

이 : 먼저 비치는 것을 방지하기 위해 창틀에 검은 색을 칠합니다.
탄 : 이건 포인트군요. 바로 기본색을 칠하면 완성하고 안쪽에서 봤을 때 창틀색이 보여서 멋이 안 나니까.

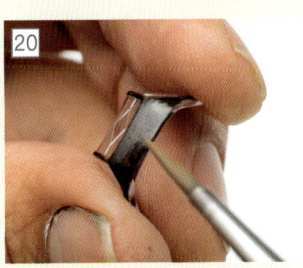

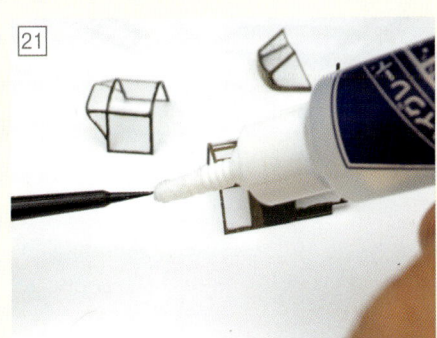

이 : 그리고 틀에서 삐쳐 나오지 않도록 기본색을 칠합니다. 삐치면 완전히 마른 뒤에 이쑤시개로 삭삭 긁어주면 의외로 깔끔해집니다.

이 : 다 칠한 캐노피. 마지막 접착에는 세메다인의 하이그레이드 모형용을 사용합니다 클리어 키트가 흐릿해지는 일 없이 접착할 수 있어서, 캐노피 접착할 때 아주 좋습니다.
탄 : 수용성이니까, 접착제가 삐져 나오면 물로 적신 면봉으로 닦으면 OK. 도색면도 상하지 않죠.

이 : 마지막으로 먹선입니다. Mr. 웨더링 컬러 그랜드 브라운을 전용 희석액으로 희석해서 사용합니다.

이 : 몰드 부분에 흘려 넣어줍니다. 웨더링 컬러는 마르면 잘 지워지지 않으니까, 한 번에 하려고 하시지 말고 어느 정도 처리한 뒤에 닦아내는 작업을 반복하세요.

탄 : 닦아낼 때는 킴와이프스를 사용하는군요.
이 : 먼지가 적고, 넓은 면을 단번에 닦을 수 있습니다. 그리고 표면의 요철 덕분에 웨더링 컬러가 적당히 흐릿해져서 분위기가 좋아집니다.

이 : 데칼 부분도 살짝 더럽혀줘서 전체 분위기를 맞춥니다. 타미야 웨더링 마스터 검댕을 사용하고, 웨더링 마스터 안에 있는 스펀지로 톡톡 두드려줍니다.
탄 : 이제 완성이군요!! 어떻게 됐으려나?

041

ILYUSHIN IL-2 SHTURMOVIK

붓도색 비행기 모형의 중독성

제작 / 이토 다이스케

비행기 모형을 큰 캔버스라고 생각하며 붓도색. 적은 도구와 재료, 공간으로 모형을 칠할 수 있는 이 제작 스타일도 또한 매력적입니다. 그리고 여러 겹으로 칠해진 도료가 독특한 분위기를 자아내서, 이번 작례처럼 중후한 느낌도 연출합니다. 제2차 세계대전 당시의 레시프로 비행기는 붓도색이 잘 어울리는 경우가 많습니다. 꼭 한 번 붓도색으로 레시프로기를 즐겨보세요.

이번 작례의 포인트 정리

- 붓으로 칠하기 전에 도료, 도료 접시, 희석액, 붓을 확실하게 준비. 빠트린 것이 있으면 힘이 빠진다(어느 제작에서나 마찬가지입니다).
- 도료는 조금씩 사용. 농도도 플라스틱이 약간 비치는 정도가 좋다.
- 음영색을 먼저 칠해주면 특색있는 면이 되면서 독특한 분위기를 낸다.
- 데칼을 붙일 때는 마크 세터를 묻히고, 마크 세터의 효과로 자연스럽게 밀착시켜준다.

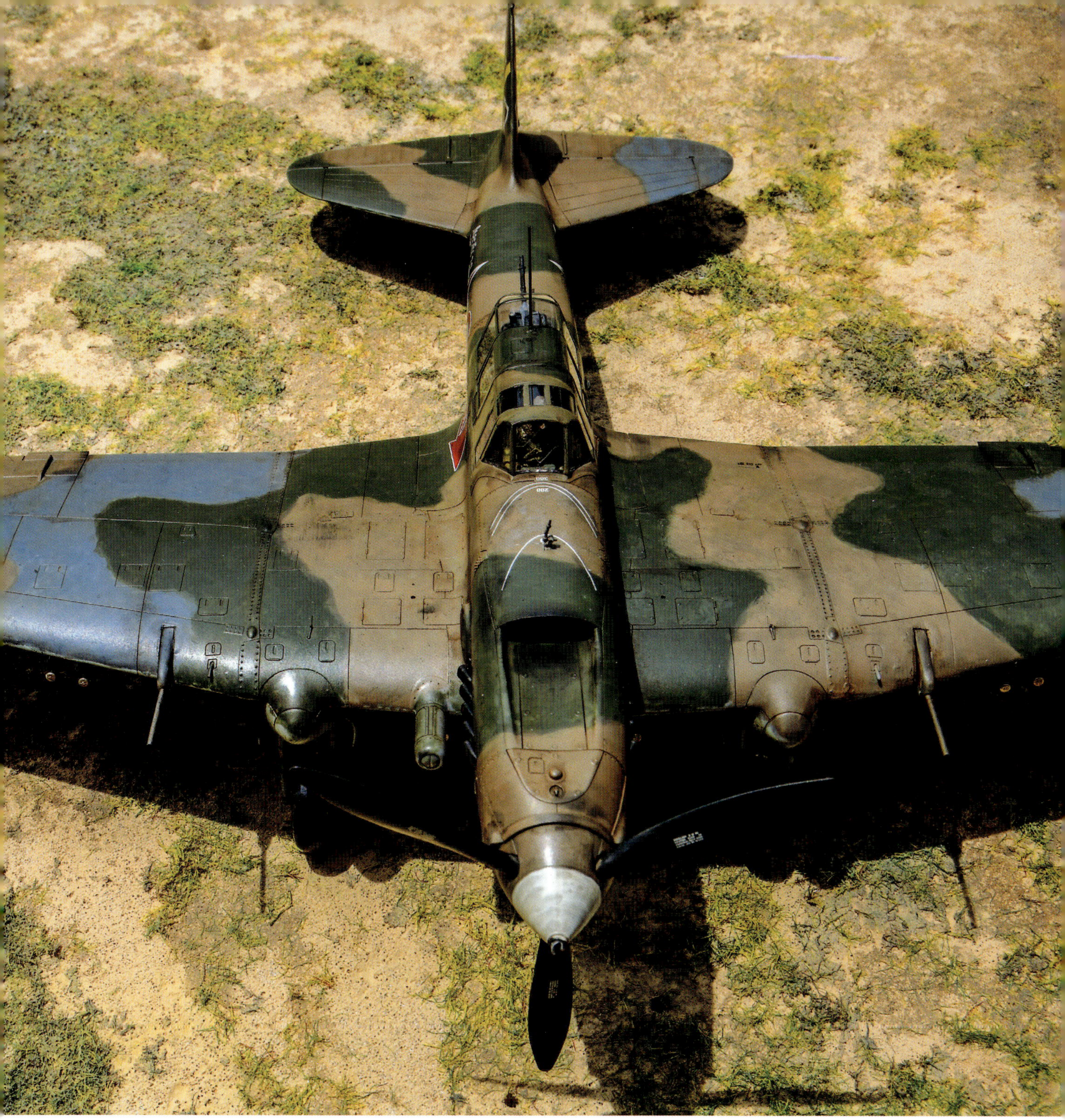

ЗА ЛЕНИНГРАД
Месть за
Христени
07

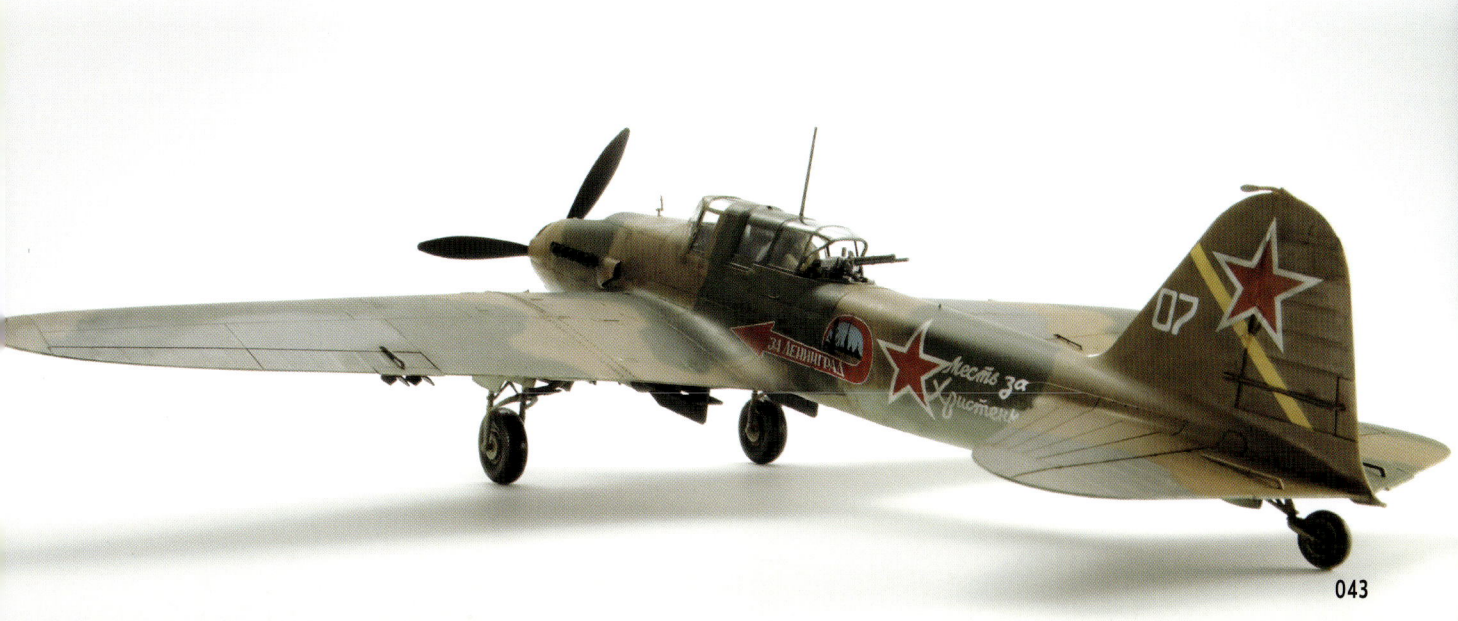

KIT REVIEW

1/48 SCALE MESSERSCHMITT Bf109 G-6

메서슈미트 Bf109G-6

●3,996엔, 발매 중 ●전장 약 18.8cm

타미야의 "구스타프"에는 비행기 모형의 모든 것이 담겨 있다!!

   철저한 현존 실기 취재, 부품 치수 확인. 독일 전차와 F1을 비롯한 타미야의 대걸작 스케일 모델은 이렇게 「발로 뛰는」 방식에 의해 태어났다. Bf-109도 마찬가지로 현존하는 실제 기체를 철저히 취재. 패널 하나하나까지 확실하게 조사해서 제품화. 또한 엔진도 재현하기 위해서 독특한 기믹을 투입해왔다. 엔진 재현은 메이커의 실력을 보여줄 수 있는 부분. 실제 기체를 그대로 축소하려면 카울이 너무 얇아져서, 금속이 아니면 강도와 성형을 실현할 수가 없다. 그래서 엔진은 약간 작게, 카울은 두껍게 만드는 것이 상식이었다. 특히 카울이 엔진을 딱 덮어주는 수랭식 엔진에서는 이 부분이 어렵다.

   하지만 이번에 타미야는 그 상식에 도전해서, 엔진을 위시로 한 대담한 부품 교체로 엔진과 카울의 양립을 시도했다. 카울 외장은 개폐 2패턴, 엔진 지지대가 교체용 부품에 붙어 있다. 교체할 때 노즈 기부와 캐노피까지 일단 벗겨야 하는 것은 지금까지 본 적이 없는 방법이다. 덕분에 완성한 뒤에도 양쪽 형태를 전부 볼 수 있고, 1/48 스케일 그대로의 사이즈로 엔진을 재현하는데 성공했다.

   이 독특한 기믹으로 엔진을 보여주면서 동시에 날개에도 다양한 선택지를 준비. Bf-109G-6의 매력을 넘칠 정도로 담은 이 키트는, 비행기 모델에는 아직 도전할 곳이 많이 남았다는 타미야의 뜨거운 메시지를 전해주는 것 같다.

text / 시게루

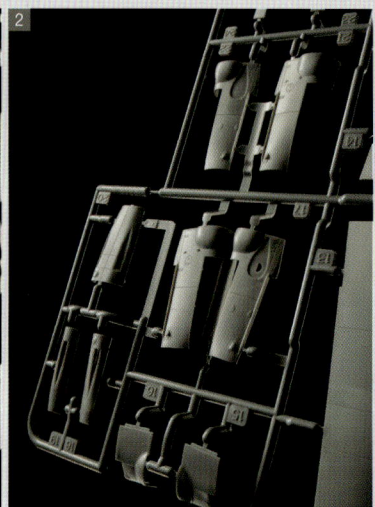
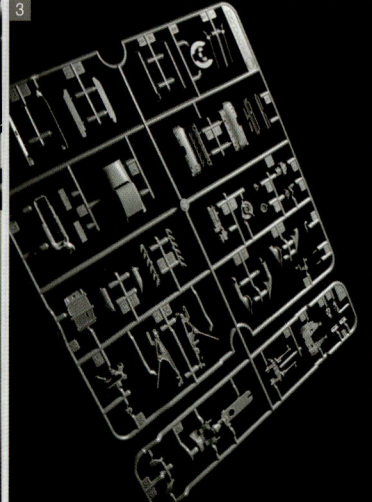

1 / 스피너를 연결하는 축에서 꼬리날개 기부까지의 일직선을 같은 부품으로 재현했다. 여기에 엔진 외장을 입혀 가면 순식간에 엔진이 완성.
2 3 / 엔진과 카울은 대담한 교체식. 카울은 2종류가 있고, 엔진도 아래쪽 파트와 엔진 지지대가 통째로 바뀐다.

메인 기어의 「팔(八)자」모양이 멋지다!!

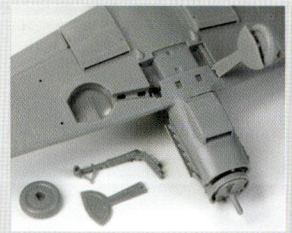

기어가 「八」모양으로 벌어지는 것이 Bf109의 특징인데, 이 각도로 고정하는 것이 상당히 어렵다. 이번 키트에서는 부품 꽂는 구멍이 크고 고정이 단단해 튼튼하게, 확실한 각도로 표현할 수 있다. 타이어를 고정하는 핀이 오므라지게 되어 있어서, 깊이 꽂아주면 이쪽도 정확한 방향으로 고정된다. 여기에도 조립하는 사람에 대한 배려가 들어 있다.

잔뜩 갖고 싶다!! 초정밀 파일럿

최근의 타미야는 각 스케일 모델에서 3D 스캔 기술과 원형사의 기술이 융합해서 훌륭한 피규어를 계속 내놓고 있다. 현용 파일럿처럼 머리와 몸통을 나눈 덕분에 마스크 호스가 확실히 떠 있게 표현한 것도 훌륭하다. 확실히 앉아 있는데다 좌우 벽면과 아주 가까운 공간. 다부진 전투기 콕피트의 밀도가 느껴진다.

플랩과 슬랫의 승강

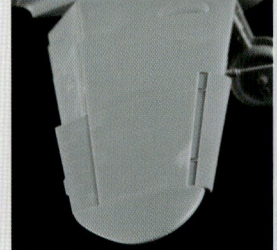
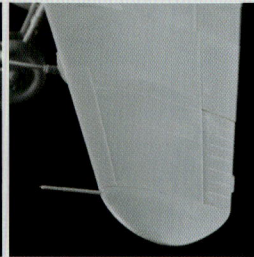
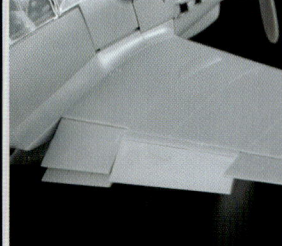

플랩과 슬랫의 승강은 부품 교체로 재현. 플랩 내부의 라디에이터까지 재현돼서, 올린 상태로 보여주는 것도 좋고, 보이지는 않지만 내려서 움직임을 표현하는 것도 좋다. 날개 앞쪽 슬랫은 내린 상태에서 핀을 자르면 닫힌 상태가 된다.

1/48 SCALE MESSERSCHMITT Bf109 G-6

에어 인테이크

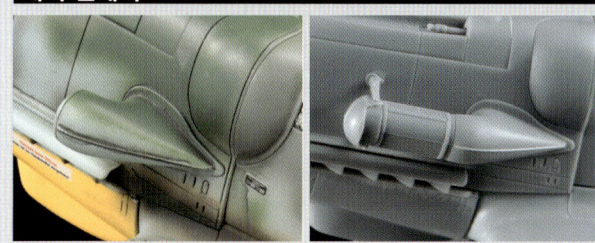

▲에어 인테이크는 2종류. 통상 에어 인테이크(왼쪽), 방진 필터가 달린 에어 인테이크(오른쪽)은 카울이 개폐 2종류 포함된 데 맞춰서 각각 2개씩 들어 있다.

상세한 지시

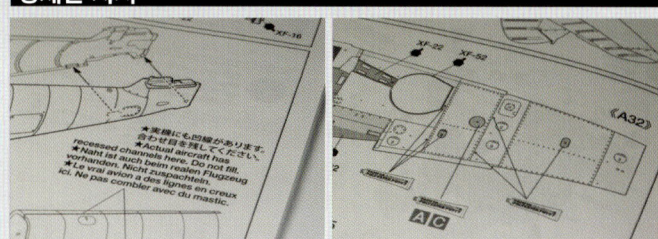

▲이번 설명서에는 이 접합선은 실제 기체에도 있으니 처리하지 말라는 내용이나 베리에이션을 고려한 패널라인을 메우는 지시 등, 조립에 관한 자세한 정보를 게재. 잘 읽어보자.

이 키트 최대의 특징인 엔진 카울 개폐 기믹을 보자

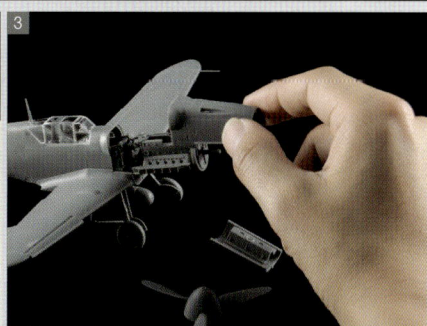
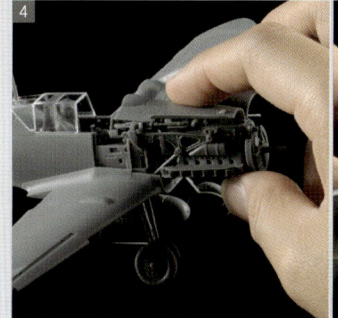
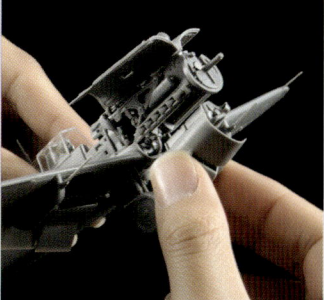
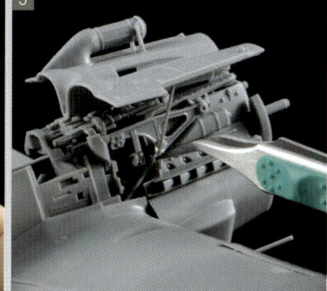

1 이렇게 열린 상태(앞줄)과 닫힌 상태(뒷줄)을 재현할 수 있는 엔진 카울이 포함. 키트에는 자석이 포함돼서, 자석으로 카울을 착탈한다.

2 먼저 프로펠러 스피너를 빼고, 이어서 끝부분을 뺀다. 여기는 자석으로 고정돼서 조금만 당기면 빠지고, 가까이 대면 딱 하고 제 위치에 고정된다.

3 카울을 벗긴다. 배기관을 경계로 상하로 구분돼 있다. 아래는 자석식, 위쪽은 먼저 벗긴 카울 앞부분이 잡고 있으니 간단히 빠진다.

4 그리고 캐노피와 그 앞부분을 위로 뺀다. 엔진 지지대와 엔진 윗부분을 장착한 다음에 아래쪽에도 엔진과 카울을 달아준다.

5 캐노피와 카울 앞쪽, 스피너를 다시 장착하고 마지막으로 지지봉을 달아준다. 이걸로 엔진을 보여주는 해치 오픈 형태로 변형 완료.

HOW TO BUILD
MESSERSCHMITT Bf109 G-6 modeled by Teppei HAYASHI

당신도 최고의 구스타프를 손에 넣을 수 있습니다!

여기서부터는 이 키트를 더욱 즐겁게 완성시키기 위한 핵심 포인트를 짚어가며 제작의 요점을 소개하겠습니다. 키트는 세밀한 곳까지 신경 써서 개발한 엔진을 보여줄 수 있도록, 자석을 이용해서 카울을 탈착할 수 있게 만들었습니다. 이것이 이 키트 제작의 최대 포인트입니다. 또한 독일 기체의 자잘한 잉크 스팟 위장도 피해갈 수 없는 부분입니다. 지금까지 소개한 테크닉을 활용해서 꼭 완성해보세요. 바로 제작 과정을 보여드리겠습니다.

스피너의 회오리 무늬를 깔끔하게 붙이고 싶다!

▲구스타프의 아이콘이라고도 할 수 있는 회오리 무늬. 키트는 데칼로 재현했습니다. 깔끔하게 붙이는 요령을 소개합니다.

시트 벨트를 디테일업

▲키트의 데칼을 이용해서 시트 벨트를 보다 입체적으로 만들어봅니다.

공중선에 도전!

▲모형지 작례에서도 자주 보이는 공중선. 하지만 키트에는 그런 부품이 없는데~ 어떻게 하지~ 라는 분도 많을 테니, 여기서 소개!

엔진을 제압하는 자가 구스타프를 제압한다

▲정교하게 재현한 엔진 「DB605」. 완성한 뒤에도 즐길 수 있도록 카울을 탈착할 수 있습니다. 잘 칠해서 자랑해보자!

잉크 스팟 위장은 「0.2mm」로 처리하자!

▲독일기 하면 이 잉크 스팟 위장! 내가 할 수 있을까~? 하고 고민하는 당신께 추천하는 에어브러시를 소개. 잉크 스팟 위장도 문제없습니다!

파일럿을 런너에서 해방하라!

▲작금의 타미야 스케일 피규어는 놀라운 완성도. 디테일도 훌륭해서, 붓만 대면 순식간에 칠할 수 있습니다. 일단 피규어를 어느 정도 칠해보면, 다음부터는 피규어를 칠하는 게 즐거워집니다.

1/48 SCALE MESSERSCHMITT Bf109 G-6

POINT.01 런너에 달린 상태에서 안쪽을 칠하면 편합니다

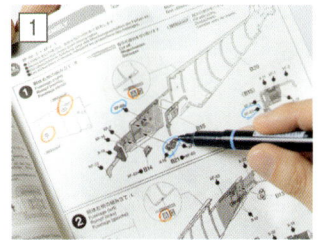
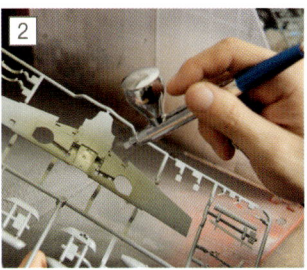

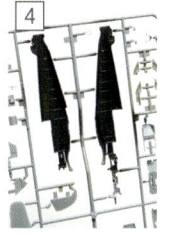

비행기 모형은 부품을 접착하기 전에 안쪽을 칠하는 경우가 많습니다. 설명서에 도색 부분을 마킹해두고, 칠할 색과 칠할 곳을 알기 쉽게 표시해서 작업 효율을 높여보세요. 칠하는 색에 따라 마커 색을 바꾸면 더 알기 쉽습니다.

기체 내부는 부품을 잘라내기 전에 런너 상태에서 도색하세요. 런너가 손잡이 역할을 해서 편리합니다. 먼저 안쪽의 RLM 그레이를 칠하는 곳을 전부 칠해줍니다.

다음에는 저먼 그레이 부분을 칠합니다. 런너를 손잡이로 삼아 도색할 때는, 다른 부품에 도료가 묻지 않도록 주의하세요. 소량 정도는 문제 없습니다. 부품 배치가 복잡한 부분은 조심해서 도색합니다.

부품 안쪽의 도색이 끝났습니다. 이것을 한번에 끝내두지 않으면 조립할 때 「여기를 또 칠해야 하네」가 돼서 작업 효율이 떨어지게 됩니다. 도색했으면 설명서의 마킹한 부분과 비교해보세요.

POINT.02 부품을 잘라내는 건 정말 중요합니다

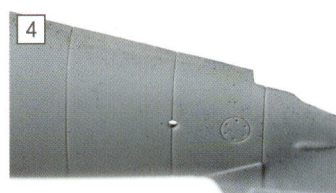

1 안쪽의 도색이 끝나면 부품을 런너에서 떼어내고 조립합니다. 섬세한 부품도 많으니 꼼꼼하게 잘라내세요. 가장 힘이 안정되는 니퍼 가운데쯤으로 잘라줍니다. 한 번에 자르지 말고 게이트를 약간 남기고 잘라줍니다.
2 약간 남은 게이트에 니퍼 날을 잘 밀착하고 절단. 두 번에 나눠서 잘라주면 본체에 흠집이 거의 남지 않습니다.
3 게이트 자국이 눈에 띌 때는 600번 정도의 종이 사포로 게이트 부분을 다듬어줍니다. 주변의 디테일이 지워지지 않게 조심하세요.
4 부품을 다 잘라냈습니다! 깔끔하게 잘라냈다면 나중에 도색하면 잘라낸 부분이 어디인지 보이지 않게 됩니다.

POINT.03 설명서는 잘 체크하세요! 디테일 수정

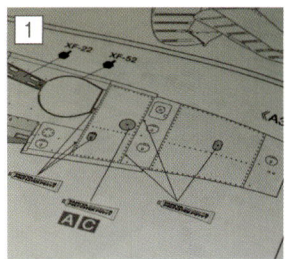

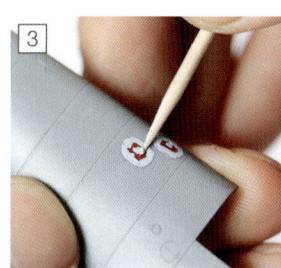

키트에는 일부 디테일을 메우거나 제거하라는 지시가 있습니다. 이런 부분을 놓치지 않도록 설명서에 마킹을 해두시는 것이 좋습니다. 도색 패턴에 따라서도 달라지니 잘 확인해두세요.

더블 체크도 겸해서, 부품에도 처리할 디테일 부분에 마커 등으로 표시합니다. 표시하면 다시 설명서와 비교하면서 꼼꼼히 체크하세요.

디테일을 메울 때는 타미야의 래커 퍼티를 사용했습니다. 필요 없는 부분에 퍼티가 들어가지 않게 이쑤시개로 디테일 부분에만 퍼티를 발라줍니다.

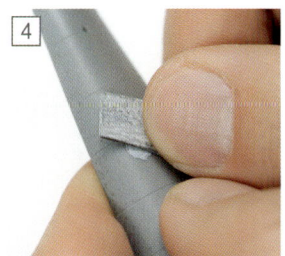
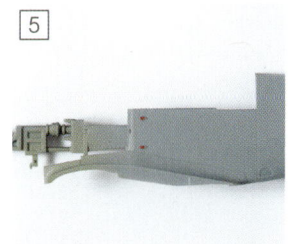

퍼티가 완전히 굳으면 600번 정도의 종이 사포로 다듬어줍니다. 다른 몰드가 지워지지 않게 신중하게.

다음엔 잘라서 제거하는 디테일. 니퍼나 잘 드는 새 날로 바꿔준 아트나이프를 사용하세요. 잘라서 제거할 때는 다른 부분에 흠집이 나지 않게 주의.

이번엔 타미야의 얇은 날 니퍼를 사용합니다. 얇은 날 계열의 니퍼는 작은 부품도 제거할 수 있습니다. 디테일을 한 번에 자르지 말고 약간 남기고 잘라줍니다.

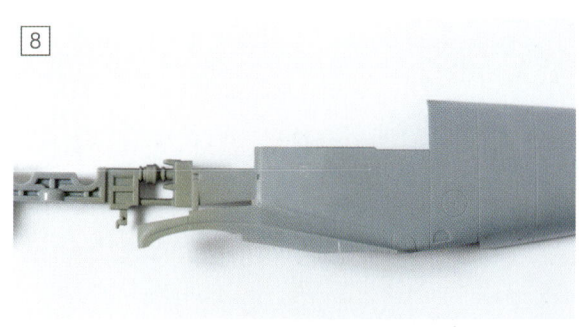

자른 뒤에 600번 정도의 종이 사포로 나머지를 깎아냅니다. 깎을 때 다른 부분에 흠집이 생기면, 더 높은 번호의 종이 사포로 연마해서 흠집을 다듬어줍니다.

디테일 제거가 완료. 이렇게 디테일을 수정할 때는 최대한 다른 부분이 피해가 가지 않도록 작업하세요. 나중에 완성도에 영향을 미치니 꼼꼼하게 작업해야 합니다.

HOW TO BUILD

POINT.04 세부까지 꼼꼼히 칠해서 멋진 엔진을 만들자!

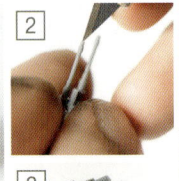

1 타미야 Bf109G-6의 볼거리인 엔진 DB605. 여기는 확실히 칠해서 다른 사람들에게 자랑합시다! 이 사진처럼 세미글로스 블랙으로 칠하는 곳까지 조립합니다.
2 기총 부분은 총구를 뚫어서 디테일업. 아트나이프 날 끝을 총구에 대고 돌려줍니다. 힘을 빼고 살살 돌려주세요. 손가락이 찔리지 않게 조심하면서.
3 이것은 아래쪽 엔진 카울에 장착하는 부품. 가운데 부품이 플랫 알루미늄 금속색이라서, 전부 조립하지 말고 사진과 같은 상태에서 도색하면 효율이 좋습니다,.
4 엔진을 세미글로스 블랙으로 칠했습니다. 도색했으면 데칼 지시가 있는 곳에 데칼을 붙여주세요.

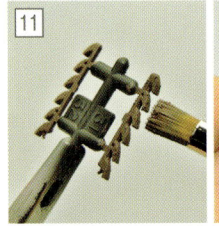
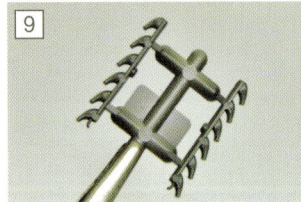

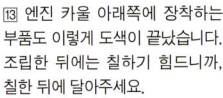
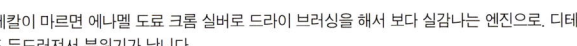

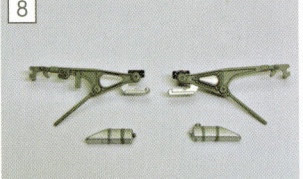

11 배기관에 파스텔을 칠해줍니다. 다 칠하면 완전히 마를 때까지 건드리지 마세요. 완전히 마르면 너무 많이 묻은 파스텔을 마른 붓으로 드라이 브러싱 하듯이 털어줍니다.
12 배기관 끝을 까맣게 칠했습니다. 까맣게 칠해주면 뚫린 것처럼 보입니다.
13 엔진 카울 아래쪽에 장착하는 부품도 이렇게 도색이 끝났습니다. 조립한 뒤에는 칠하기 힘드니까, 칠한 뒤에 달아주세요.
14 엔진 도색이 끝났습니다. 어떤가요? 구분 도색까지 잘 끝난 엔진이 뛰어난 존재감을 발휘합니다!

5 데칼이 마르면 에나멜 도료 크롬 실버로 드라이 브러싱을 해서 보다 실감나는 엔진으로. 디테일도 두드러져서 분위기가 납니다.
6 세밀한 부분을 붓으로. 파이프 부분을 에나멜 도료 크롬 실버로 칠해줍니다. 삐쳐 나오면 에나멜 용제를 적신 면봉이나 붓으로 닦아주세요.
7 기총 부분도 드라이 브러싱 해주면 분위기가 살아서 추천. 이쪽도 크롬 실버로 드라이 브러싱 했습니다.
8 엔진 지지대 부분은 RLM 그레이와 실버 등의 복수의 색이 들어가며 엔진과 다른 색이니까, 조립하기 전에 도색하세요. RLM 그레이를 에어브러시로 칠한 뒤에 실버 부분을 붓으로 칠했습니다.
9 엔진 배기관을 칠합니다. 일부 런너를 남기고 잘라서 집게로 잡기 쉽게 했습니다. 이곳은 약간 녹슨 표현을 넣어줬습니다. 먼저 메탈릭 그레이로 칠합니다.
10 녹 표현에는 타미야 아크릴 용제로 녹인 갈색 파스텔을 사용합니다. 파스텔을 묽게 녹여줍니다.

POINT.05 회오리와 동체 라인 데칼을 붙이는 포인트

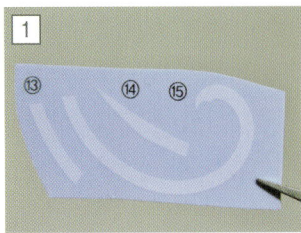
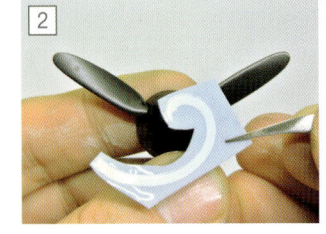
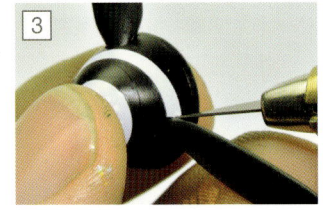

1 스피너 캡에 있는 회오리 문양을 재현할 수 있는 데칼이 포함되어 있습니다. 눈에 띄는 부분이니 깔끔하고 붙이고 싶습니다. 그 순서를 보여드리겠습니다.
2 먼저 제일 긴 15번 데칼을 붙입니다. 데칼 끝의 모양과 부품의 디테일 모양을 맞춰가며, 데칼을 바탕지에서 밀어냅니다.
3 데칼 라인이 조금 깁니다. 데칼을 붙이고 위치를 조정했으면 잘 드는 새 칼날을 끼운 아트나이프로 남는 부분을 잘라줍니다. 살살, 데칼만 잘라주세요.
4 남는 부분을 잘라낸 뒤에 데칼의 수분을 면봉으로 빨아내면서 부품 위에서 데굴데굴 굴려서, 데칼을 잘 정착시켜줍니다.

POINT.06 도색편! 잉크 스팟 위장에 도전

1
안쪽 부품과 엔진 부품 도색이 끝나고, 부품을 조립해서 ± 모양이 됐습니다. 여기서부터 본체 도색에 들어갑니다. 먼저 밑면 도색부터 가보겠습니다.

2
도색하기 전에 RLM 그레이를 칠한 부분에 도료가 들어가지 않게 마스킹을 해줍니다. 가늘게 자른 마스킹 테이프를 핀셋 등을 이용해서 빈틈없이, 꼼꼼히 붙여주세요.

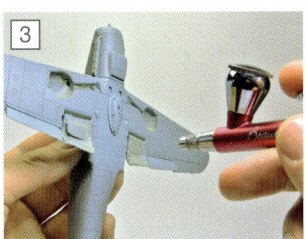

3
마스킹이 끝나면 밑면 색인 라이트 블루를 칠합니다. 동체 측면의 라이트 블루도 이 때 같이 칠하세요.

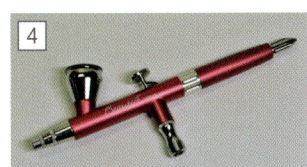

4
특징적인 잉크 스팟 위장에 돌입합니다. 이 위장을 간단히 칠하는 데 추천하는 것이 구경 「0.2mm」 에어브러시. 이번에는 에어텍스의 뷰티4+0.2mm(9,720엔)을 사용. 이 에어브러시는 별매품 노즐 베이스 세트로 구경을 바꿔줄 수 있어서 하나쯤 있으면 좋습니다.

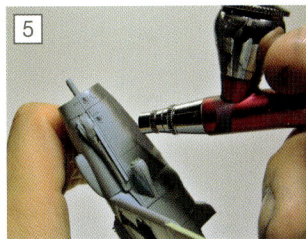

5
먼저 가늘게 뿌려서 기체 윗면의 회색을 칠합니다. 도색 가이드를 잘 보면서 라이트 블루와의 경계를 주의해서 칠해줍니다.

6
다음으로 작은 잉크 스팟을 칠합니다. 바로 칠해버리지 말고, 프라판이나 종이에 시험해서 도료 농도와 콤프레셔의 에어 압력을 조절하세요.

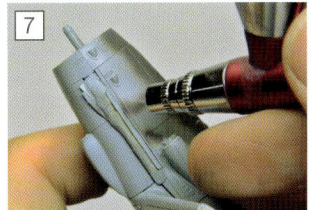

7
도료를 묽게 하고 에어 압력을 낮추고, 에어브러시와 부품의 거리를 사진처럼 가깝게 대고 핀포인트로 칠해줍니다. 도료 농도가 진하면 뭉치고, 묽으면 부품 위에서 퍼지니까 잘 조절하세요.

8
회색 부분의 위장이 끝났습니다. 한 번 칠한 뒤에 도색 가이드를 다시 보며 빠진 곳이 없는지 확인합니다. 칠하지 않아도 되는 부분에 칠한 경우에는 이 시점에서 수정하지 않고 마지막 터치업 때 수정하세요.

9
회색과 같은 방법으로 녹색을 도색. 0.2mm면 이렇게 핀포인트로 위장을 칠할 수 있습니다. 마지막에 다시 한 번 각 색으로 칠해주고, 도료가 튄 부분 등을 리터치 합니다.

10
주날개 위장 도색을 합니다. 동체에 도료가 묻지 않도록 마스킹합니다. 마스킹 테이프와 적당한 종이로 보호하세요.

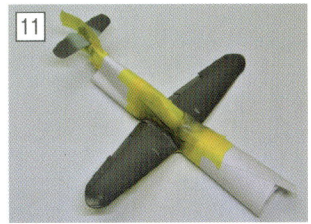

11
먼저 전체에 회색을 칠합니다. 기체 밑면에 도료가 묻지 않게 주의해서 칠합니다.

12
회색이 완전히 마르면 도색 가이드를 참고로 회색을 남겨둘 부분을 마스킹. 일단 팔 등에 테이프를 붙였다가 점착력을 낮춰준 뒤에 붙여주면, 마스킹 테이프를 벗길 때 도료가 같이 일어나는 사고의 확률이 낮아집니다.

13
마스킹이 잘 됐는지 꼼꼼하게 확인한 뒤에 녹색을 도색. 이쪽도 기체 밑면에 도료가 묻지 않도록 주의해서 칠해줍니다.

14
녹색이 어느 정도 마르면 마스킹을 벗겨줍니다. 마스킹을 벗길 때 도색면에 흠집이 나지 않게 조심하세요. 깔끔하게 칠해졌습니다.

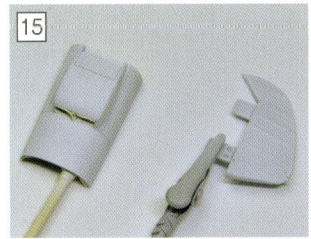

15
엔진 카울 아래쪽과 수직 꼬리날개의 노란색을 칠합니다. 노란색이 잘 발색되도록 흰색을 먼저 칠해줍니다.

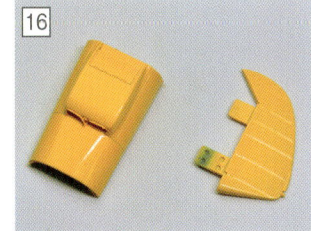

16
흰색이 완전히 마르면 노란색을 칠합니다. 노란색은 한 번에 칠하지 말고 여러 번에 나눠서, 점점 색이 나오도록 칠해줍니다.

5
조금 전에 붙인 15번 데칼의 위치를 보면서 깔끔한 회오리가 되도록 13번, 14번 데칼을 붙여주면 회오리가 완성됩니다.

6
동체의 파란 띠도 데칼로 재현합니다. 데칼을 동체에 대서 앞뒤를 확실히 확인합니다. 큰 데칼을 지저분하게 붙이면 눈에 띄니까, 미리 맞춰보고 붙였을 때의 이미지를 확인합니다.

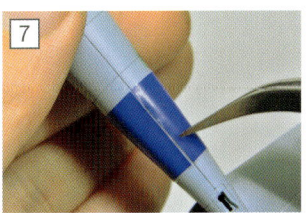

7
띠 데칼을 동체에 감아줍니다. 본체의 분할 라인을 기준으로 데칼이 좌우에 균등하게 감기도록 위치를 조절합니다. 핀셋 등을 사용해서 꼼꼼히 작업해주세요.

8
위치 조절이 끝나면 데칼 위에 면봉을 굴려서 동체에 잘 밀착시켜줍니다. 보다 깔끔하게 밀착되도록 마스 세터 등을 사용해도 좋습니다.

POINT.07 포지션 램프 도색

포지션 램프는 부품 몰드를 기준으로 붓으로 칠해줍니다. 한 번에 끝내는 것이 가장 깔끔하니까, 칠할 곳을 잘 확인한 뒤에 칠합니다.

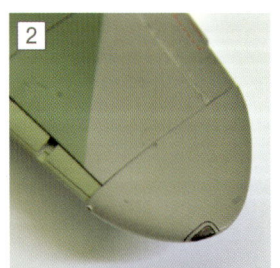

먼저 몰드 부분을 검은색으로 칠합니다. 아래의 래커가 녹지 않도록 타미야 아크릴 블랙으로 칠합니다.

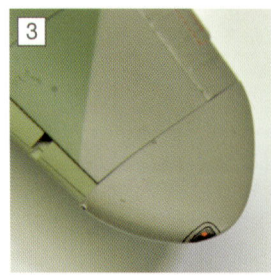

다음으로 라이트의 점을 찍어줍니다. 가는 붓으로 소량의 도료를 찍어주는 이미지로 칠하세요. 한 번에 끝내는 것이 가장 깔끔하니까, 칠할 곳을 잘 확인한 뒤에 칠합니다.

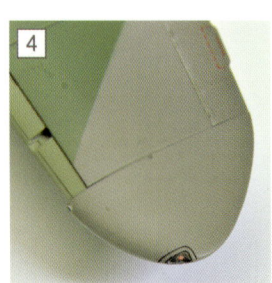

빛나는 것처럼, 라이트 중심에 흰색 하이라이트를 찍어줍니다. 극세 붓으로 콕 찍어주고 라이트 커버 가장자리도 흰색으로 희미한 선을 그어서 하이라이트를 주면 클리어 부품 같은 분위기가 납니다.

POINT.08 피규어 도색 & 설명서는 중요해

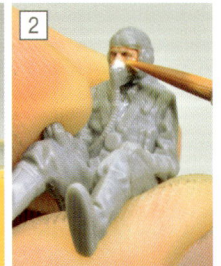

① 키트에 포함된 파일럿 피규어의 완성도가 대단합니다! 간단히 도색해도 멋진 파일럿이 완성됩니다. 타미야 아크릴과 에나멜 도료를 사용해서 칠해줍니다. 먼저 얼굴 부분을 아크릴 화이트로 칠합니다.

② 다음으로 아크릴 플레시를 도색하고, 마르면 묽은 에나멜 오렌지로 워싱하듯이 칠합니다. 이것으로 간단히 음영이 들어갑니다.

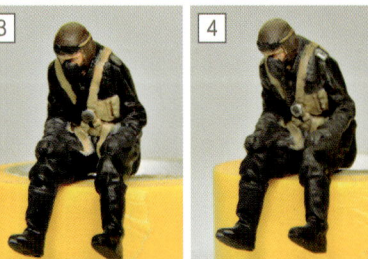

③ 설명서의 지정색을 보면서 칠해줍니다. 디테일이 확실해서 칠하기 쉽습니다. 재킷 부분을 칠한 뒤에 벨트를 칠합니다. 아크릴 도료는 차폐력이 좋아서 삐쳐나온 부분 위에 덧칠해버리면 OK.

④ 다 칠하면 타미야 먹선 도료 다크 브라운으로 얼굴을 제외한 부분에 먹선. 마지막으로 웨더링 마스터 샌드로 살짝 드라이 브러싱을 하면 완성입니다.

피규어는 콕피트 위쪽에서 태울 수 없습니다!

설명서 순서대로 피규어를 태워줍니다. 콕피트를 칠하고 피규어를 시트에 접착한 뒤에 콕피트를 동체에 접착. 기껏 칠한 피규어를 태울 수 없게 될 수도 있습니다. 설명서를 잘 읽어보세요.

POINT.09 시트 벨트 디테일업과 공중선

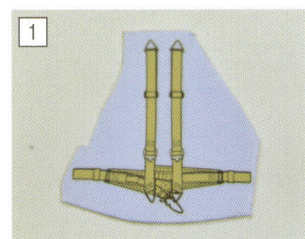
1
시트 벨트를 재현할 수 있는 데칼이 포함됩니다. 붙이기만해도 실감이 나고 입체적으로 보입니다. 모양을 가공할 수 있는 얇은 함석판이나 플라스틱 페이퍼에 붙여서 입체적으로 만듭니다.

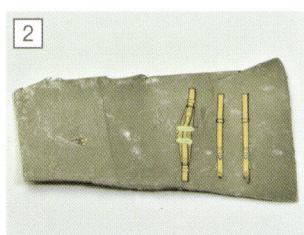
2
시트 벨트를 사진처럼 자르고 함석판에 붙였습니다. 하반신을 고정하는 벨트가 일부 깨져서 같은 계열의 색으로 칠해줍니다.

3
데칼이 마르면 조심해서 잘라냅니다. 데칼이 마르지 않으면 자르는 중에 벗겨져서 지저분해지니 조심하세요.

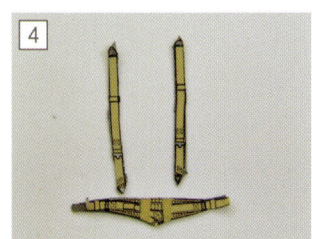
4
깔끔하게 잘라냈습니다. 작은 부품이니까 분실에 주의. 이번엔 함석판을 사용했지만, 모형점에서 파는 플라스틱 페이퍼로도 만들 수 있으니 그쪽을 사용해도 됩니다.

5
마지막으로 시트 벨트 가장자리 부분에 금속색이 드러나니, 시트 벨트와 같은 색으로 칠하고 순간접착제로 시트에 접착하면 OK. 순간접착제도 이쑤시개 등으로 찍어서, 다른 곳에 묻지 않게 칠해주세요.

6
키트의 박스아트에도 그려진 공중선을 재현해보겠습니다. 사용하는 재료는 모델카스텐의 스트레치 리깅 0.6호(1,944엔). 신축성이 있어서 공중선을 팽팽하게 만들어줄 수 있습니다.

7
수직 꼬리날개에 순간접착제를 소량 묻혀서 스트레치 리깅을 접착합니다. 접착할 부분에 0.1mm 핀바이스로 구멍을 내고 거기에 접착합니다. 젤리형에 접착 강도가 센 접착제를 사용하세요. 위치를 잡으면 경화 스프레이를 뿌려서 완전히 경화시켜줍니다.

8
안테나 부분에 순간접착제를 살짝 찍어주고 거기에 공중선을 접착합니다. 팽팽하게 만들고 싶으니, 스트레치 리깅의 신축성을 이용해서 약간 당겨주며 접착합니다.

9
남는 부분을 니퍼로 잘라줍니다. 금속 절단용이나 낡은 니퍼를 사용하세요. 게이트 커팅용을 사용하면 날이 상할 수 있습니다.

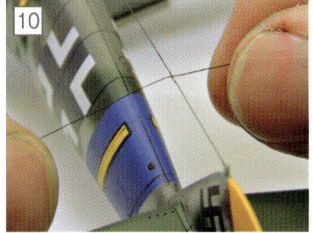
10
동체에 접착할 부분에 0.1mm 핀바이스로 구멍을 내줍니다. 공중선에 소량의 젤리 상태 순접을 바르고 선이 교차하도록 접착합니다.

11
선의 접착 부분이 굳으면 똑바로 편 선을 동체로 내리고 동체의 구멍 부분에 접착합니다.

12
마지막으로 접착한 부분을 스트레치 리깅과 같은 색으로 칠하면 공중선 완성! 공중선이 있으면 더 멋져 보이니 꼭 도전해보세요.

엔진을 꼼꼼히 만들면 누구든 이 멋진 광경을 손에 넣을 수 있습니다. 자석을 이용한 개폐 기믹이 있으니 왼쪽 페이지 사진처럼 닫은 상태도 가능. 이렇게 높은 퀄리티로 두 가지 형태를 즐길 수 있는 키트가 지금까지 있었던가요? 그야말로 최고의 구스타프입니다.

동체의 몰드 위에 올라가는 데칼도 있는데, 이런 부분은 마크 세터 등을 사용해서 잘 밀착시켜주면 좋습니다. 공중선은 모델카스텐의 스트레치 리깅이 정말 사용하기 편하니, 이 기회에 꼭 도전해보세요.

MESSERSCHMITT Bf109 G-6
앞으로도 계속 전해질 걸작 키트
「타미야 Bf109G-6」을 당신의 손으로…

제작 / 하야시 텟페이

정밀한 엔진 부품에 아름다운 스타일. 그야말로 구스타프 키트의 결정판이라고 할 수 있는 키트입니다. 이 Bf106G-6을 완성할 수 있다면, 다른 레스프로 기체도 당신의 것이나 마찬가지. 기본 테크닉을 전부 배웠다고 할 수 있습니다. 앞으로 수십 년은 계속 전해질 걸작 키트를 실컷 즐겨보세요.

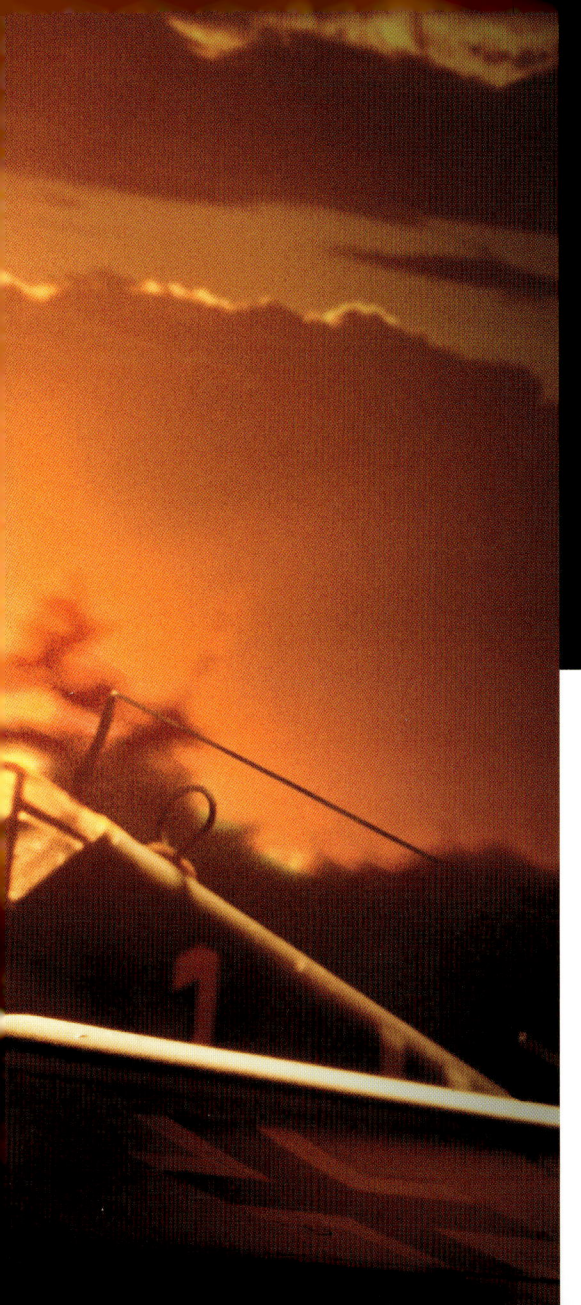

이번 작례의 포인트 정리

- 안쪽을 칠하는 부품이나 디테일을 제거할 부분 등은 설명서에 표시해두자.
- 작은 부품이 많으니 부품을 꼼꼼하게 잘라내자.
- 엔진은 도색 순서를 생각하며 만들자.
- 잉크 스팟 위장은 구경 0.2mm 에어브러시를 추천.

1 배관에서 나온 때는 타미야 웨더링 마스터와 에나멜 도료로 재현.
2 연료탱크의 작은 데칼은 빨간 글자, 원 포인트로 눈에 띄는 부분. 붙일 위치를 잘 확인하고 꼼꼼히 붙이자.
3 메인 기어의 디테일도 훌륭하니 잘 칠해보자.
4 데칼은 마크 세터를 사용해서 몰드에도 잘 들어가도록 밀착시켰다.

KIT REVIEW

1/48 SCALE VOUGHT F4U-1A CORSAIR
보우트 F4U-1A 커세어

1/48 걸작기 시리즈 중에서도 한 번쯤 만들어보길 권하는 마스터피스

2차 대전 중의 미 해군기로서 큰 인기를 자랑하는 커세어. 그것을 유감없이 재현한 것이 이 키트. 큰 기체면서도 둔해 보이지 않는, 역갈매기 날개가 특징적인 그 모습을 만들 수 있다. 또한 특별한 개조도 필요 없이 키트 상태 그대로 주날개를 접은 상태를 만들 수 있는 것도 이 제품의 특징. 베리에이션으로 D형과 토잉카(Moto-Tug)가 포함된 키트도 있다.

text / 시게루

●2,700엔, 발매 중 ●전장 약 20.5cm

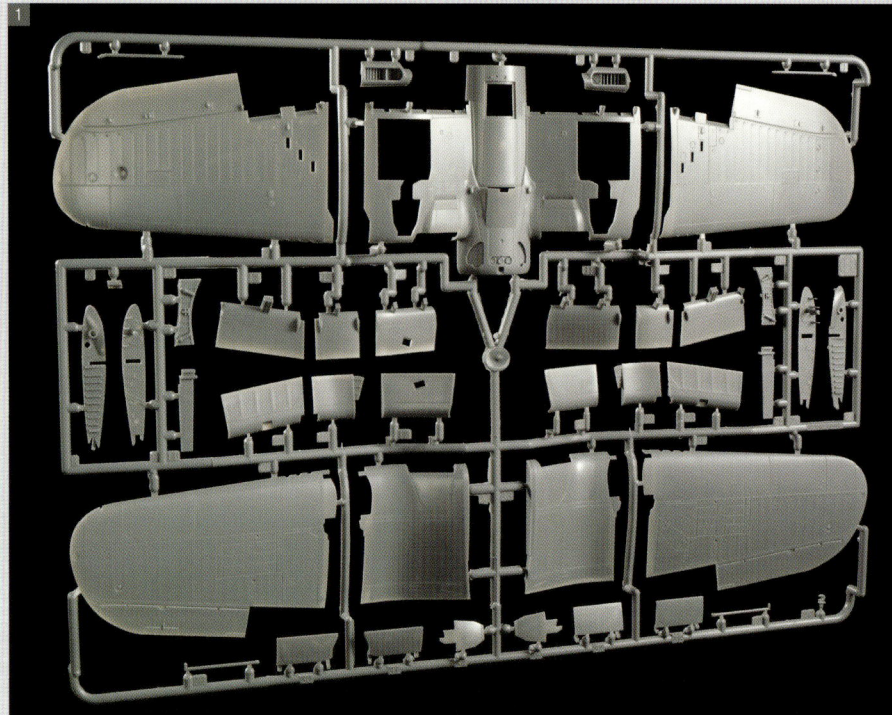

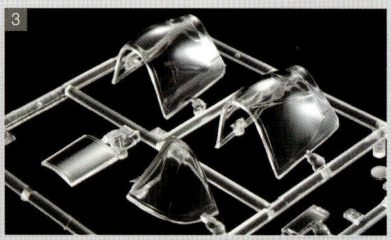

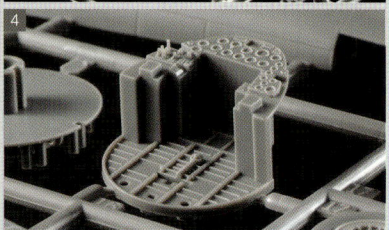

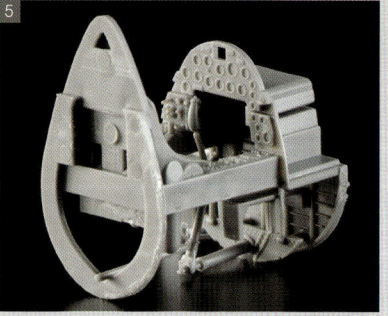

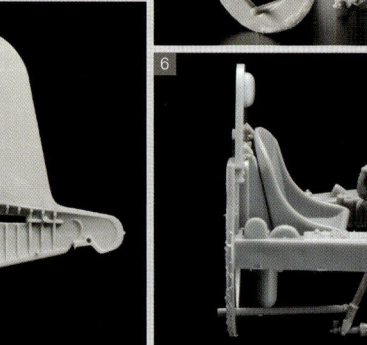

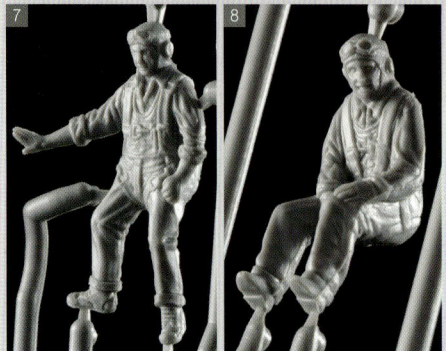

① 「이 키트로 뭘 할수 있을까」를 한 번에 알 수 있는 분할 배치된 주날개 부품. 모범적 표본이라고 할 수 있는 부품 배치가 아름답다.
② 좌우 분할된 동체에 콕피트를 배치한 상태. 콕피트에서 엔진까지의 거리감, 테일 기어가 들어가는 위치 등을 잘 알 수 있다.
③ 캐노피는 틀이 없는 것과 1A형의 특징인 2개의 틀이 들어간 것도 포함돼 있다.
④ 콕피트 앞쪽의 격벽과 일체화된 계기판 부품. 이 부품에 조종간 등을 달도록 구성되어 있다.
⑤⑥ 콕피트 주변 부품을 조립한 모습. 통상적인 비행기에 흔히 있는 「바닥」부품이 없는 점도 특징적이다.
⑦ 좌석에 앉은 파일럿과 기체에 손을 얹은 파일럿 피규어도 포함. 구명조끼 등의 세밀한 디테일이 보인다.
⑧ 이쪽은 앉은 자세의 파일럿 피규어. 선 자세와 다르게 시트 벨트를 착용한 상태를 재현했다. 태평양 전역에서 볼 수 있었던 러프한 복장에 구명조끼만 입은 복장이다.

1/48 SCALE VOUGHT F4U-1A CORSAIR

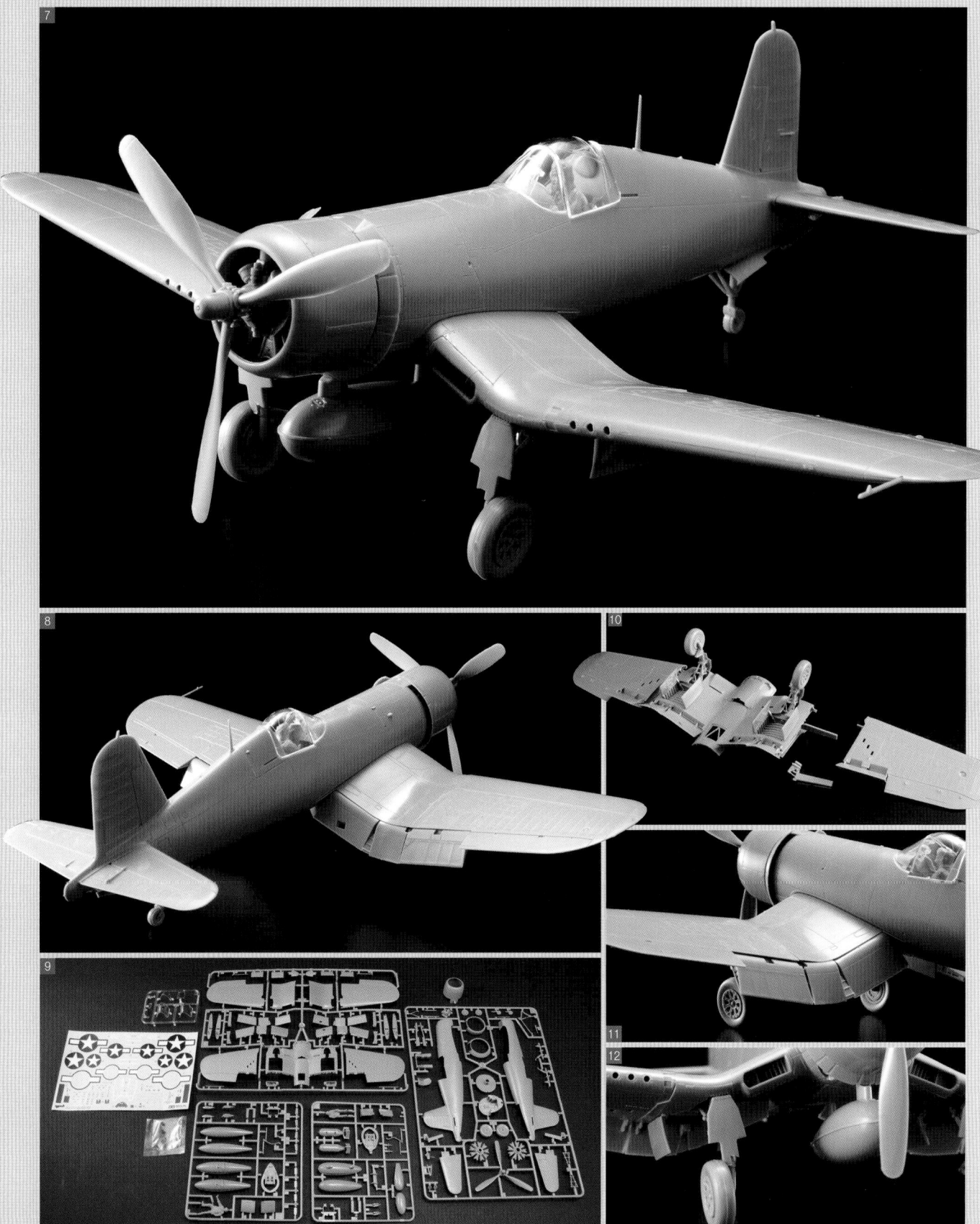

7 역갈매기 날개, 묘하게 긴 기체 앞부분, 거대한 프로펠러까지, 커세어의 기발한 형태를 멋지게 살렸다. 기총구나 엔진 주변 등의 디테일 재현도 훌륭하다. 카울 플랩은 개폐 선택식이며, 이 사진에서는 열린 상태로 조립했다.

8 후방에서 봐도 완벽한 프로포션. 여기서는 주날개를 편 상태로 조립했는데, 접은 상태로도 조립할 수 있다.

9 큰 기체인 만큼 주날개가 분할돼 있어서 부품이 약간 많다. 하지만 전체 배치가 깔끔해서 조립하기 힘든 부분은 없다.

10 주날개를 조립할 때는 접은 상태와 전개한 상태로 부품을 교체해서 조립. 분할된 부분이지만, 지지대가 들어가서 완성한 뒤의 강도는 충분.

11 플랩이 내려간 상태로 조립할 수 있는 것이 이 키트의 큰 특징. 총 6장의 플랩을 붙여야 하는데, 구조가 크게 복잡하지 않아서 간단히 조립할 수 있다.

12 랜딩기어 주변의 정밀감도 확실. 주날개 연결 부분의 공기 흡입구는 별도 부품이며, 내부까지 몰드가 들어간 점도 매력적이다.

HOW TO BUILD
VOUGHT F4U-1D CORSAIR modeled by KENTARO & Fumitoshi TAN

역갈매기 날개의 걸작기를 타미야의 하이퀄리티 키트로 즐겨보자!

타미야 1/48 걸작기 시리즈로 수많은 베리에이션이 전개된 커세어. 주날개의 아름다운 디테일과 접는 기구도 선택식으로 재현하는 등, 정말 의욕적인 키트입니다. 정밀하게 재현된 콕피트와 힘찬 프로포션도 매력적. 또한 별매품 「1/48 미해군 항공대 파일럿, 토잉카 세트」와 조합해보겠습니다. 태평양에서 제로센과 격전을 벌인 기체니까, 같이 만들어보는 건 어떨까요?

POINT.04
피규어와 함께 즐겨보자
별매품 1/48 미해군 항공대 파일럿, 토잉카 세트에서 파일럿 5개를 선택해서 도색. 효율적으로 칠하면 2시간 안에 5개를 칠할 수 있다.

POINT.03
도색과 데칼 작업
이번에는 광택이 좀 강한 반광으로 마감. 그 공정을 소개.

POINT.02
조립 포인트
조립할 때 먼저 도색&마스킹을 해둘 부분과, 복잡한 부품 구성의 주날개 조립의 포인트를 소개.

POINT.01
캐노피의 마스킹과 콕피트 도색
버블형 캐노피의 곡면에 마스킹 테이프를 꼼꼼하게 붙여준다. 콕피트는 데칼과 세밀한 도색으로 처리.

POINT.01 캐노피 마스킹과 콕피트 도색

1
도색에는 GSI 크레오스의 「미해군기 표준 도장색 세트」 중에서 글로스 시 블루를 사용합니다.

2
콕피트와 기어 수납고 등은 「WWII 미육해군기/영국 공군기 인테리어 도장색」 중에서 351번을 사용.

3
집게와 나무젓가락 끝에 스카치테이프를 뒤집어 감은 것으로 도색용 손잡이를 만들어서 준비합니다.

4
처음 칠할 때 밑면의 창과 캐노피를 칠합니다. 그 전에 준비 단계로 클리어 부분을 마스킹합니다.

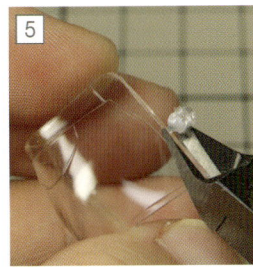
5

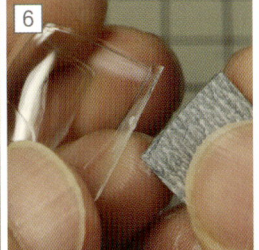
6
창 부분에 흠집이 나지 않도록 조심하면서 창틀 부분의 게이트를 처리합니다. 사포질도 꼼꼼히 해주세요.

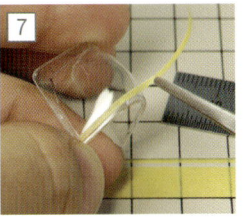
7
큰 구형 창을 마스킹할 때는 직접 가늘게 자른 테이프를 만들어서 끝에서부터 붙여줍니다.

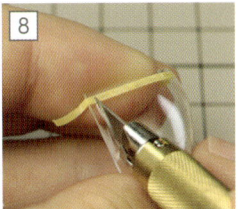
8
테이프는 약간 길게 해서 끝을 아트 나이프로 자르는 쪽이 편합니다. 잘 드는 날을 사용해주세요.

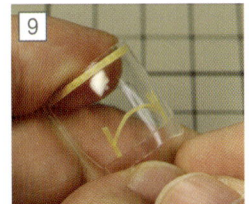
9
활처럼 생긴 위쪽은 테이프도 최대한 가늘게, 커브에 맞춰 조정이 가능한 폭부터 시작합니다.

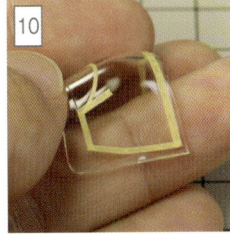
10
마스킹할 부분에 빙 둘러서 감싸줍니다.

11
그리고 약간 넓은 테이프를 붙여서 창틀 안쪽을 메워줍니다. 잘 밀착됐는지 확인하세요.

12
캐노피 마스킹이 끝났습니다.

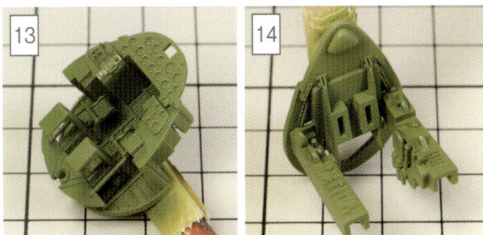
13 14
콕피트를 도색합니다. 먼저 징크 크로메이트 타입 I 을 칠합니다.

15
계기판 부분은 검정색을 칠합니다. 마른 뒤에 데칼을 붙이세요. 패널 데칼을 잘라서 물에 담급니다.

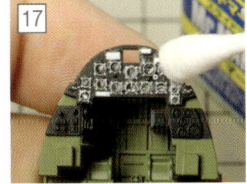
16
패널의 대략적인 위치에 붙이고, 마크세터를 떨어뜨려서 데칼을 부드럽게 만든 뒤에 밀착시킵니다.

17
면봉으로 수분과 남는 마크 세터를 제거하면서 스탬프를 찍듯이 가볍게, 톡톡 눌러줍니다. 데칼이 마르고 밀착되면 보호를 위해서 클리어를 한 번 뿌려주세요.

18
먹선도 넣습니다. 디테일이 복잡한 부분의 쓸데없는 먹선은 평붓에 에나멜 용제를 적셔서 닦아줍니다.

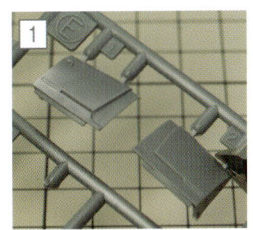
19
콕피트가 완성되면 동체 부품에 끼워줍니다. 격벽 위치가 가이드에 딱 맞도록 조절합니다.

POINT.02 조립 포인트

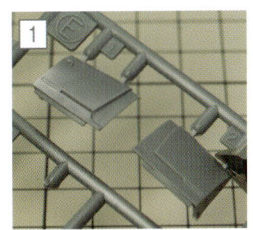
1
콕피트 뒤쪽 동체는 별도 부품이니 미리 만들어서, 콕피트와 동체를 조립할 때 끼워줍니다.

2
동체가 잘 맞물리고 틀어지지 않았는지 확인합니다. 이 동체도 시멘트S로 접착.

3
기어 수납고와 동체 아래는 먼저 칠해줍니다. 콕피트와 같은 타이밍에서 같은 색을 사용합니다.

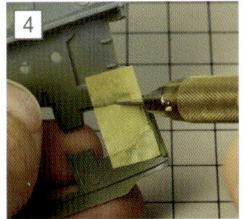
4
기어 수납고를 마스킹합니다. 수납고 안쪽의 우묵한 부분에 맞춰서 테이프를 붙여줍니다.

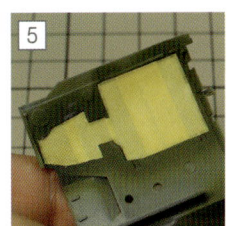
5
접착에 방해가 되지 않도록, 그리고 테이프를 제거하기 쉽도록 최소한으로 붙여주는 것이 이상적입니다.

HOW TO BUILD

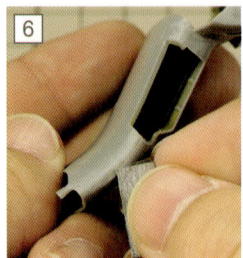 6
시멘트 S로 합쳐준 각 부분은, 시멘트 S를 잘 흘려 넣어주면 종이 사포만 가지고도 접합선을 처리할 수 있습니다.

 7
접합선을 지울 때 묻혀버린 몰드는 패널라이너나 아트나이프로 다시 살려줍니다.

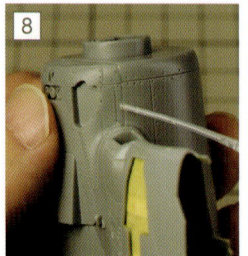 8
접합선이 큰 부분의 경우, 순간접착제를 묻혀서 메우고 처리합니다. 노즐을 사용해서 핀포인트로 처리하세요.

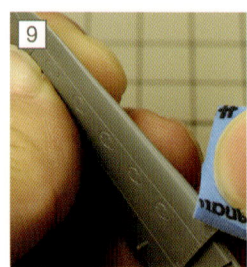 9
수평 꼬리날개 앞쪽에 파팅 라인이 있어서, 스펀지 사포 800번 등으로 제거합니다.

 10
로켓포를 탑재할 경우, 접착하기 전에 날개 안쪽에 1mm 구멍을 뚫어줘야 합니다.

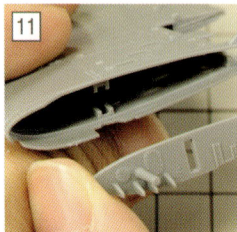 11
날개 접합부. 날개 내부의 지지대를 끼우는 부분과 끝의 구멍이 어긋나지 않도록 끼운 뒤에 접착하세요.

 12
날개를 펼친 상태로 접착할 경우에는, 동체쪽 끝 부품을 안쪽에서 1.5mm 구멍을 뚫어줍니다.

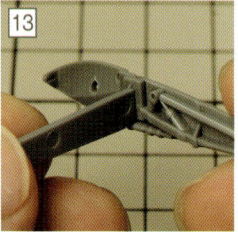 13
동체쪽 끝 부품에 지지대를 끼워줍니다.

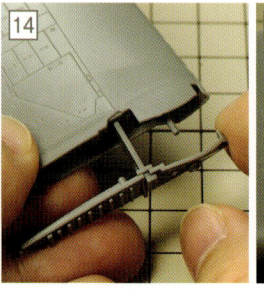 14
지지대가 잘 들어가는지 시험합니다.

 15

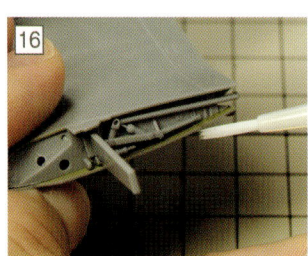 16
동체쪽 접착. 여기를 잘 접착시키지 않으면 날개가 떨어지니까 시멘트 S로 튼튼하게 접착합니다.

 17
날개쪽과 합체합니다.

 18
날개를 붙일 때는 접합면에도 접착제를 흘려 넣어줍니다.

 19
프로펠러 끝 등에 지느러미(플라스틱 찌꺼기)가 약간 있어서, 800 스펀지 사포로 가볍게, 매끈하게 다듬어주었습니다.

POINT.03 도색과 데칼 작업

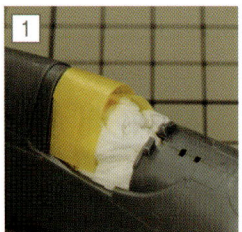 1
꼬리 부분과 콕피트는 티슈와 마스킹 테이프로 기내색을 보호해줍니다.

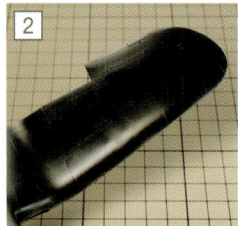 2
글로스 시 블루는 광택이 있는 푸르스름한 진남색. 칠하면 아름다운 광택이 표현됩니다.

 3
동체 전체, 밑면에서 꼬리까지 전부 칠해줍니다. 여러 번 덧칠해서 진한 색을 잘 표현해주세요.

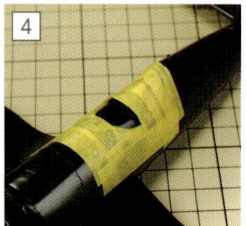 4
보통 콕피트 커버를 먼저 도색하지만, 광택 문제로 세미 글로스 블랙은 나중에 칠합니다.

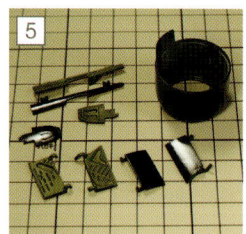 5
표면에는 글로스 시 블루, 안쪽에는 징크 크로메이트. 기본적으로 마스킹 없이 앞뒤를 칠해둡니다.

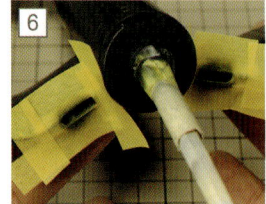 6
라디에이터의 인테이크 부분도 칠해줍니다. 먼저 틀에 맞춰서 마스킹. 인테이크 안쪽은 전체에 기체색을 뿌린 뒤에, 한쪽 방향에서 금속색(이번에는 스테인리스)을 뿌려줍니다.

 7
타이어의 마스킹은 테이프를 붙여서 밀착시킨 뒤에 경계선을 날이 잘 드는 아트나이프로 삭, 하고 잘라줍니다.

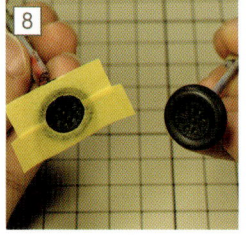 8
은색을 먼저 칠하려면 바깥쪽을 벗기고, 타이어 블랙을 먼저 칠하려면 안쪽을 벗겨서. 원하는 순서대로 칠하세요.

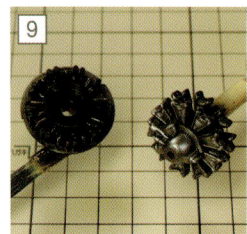 9
엔진과 배기관 등은 전체에 검은색을 뿌린 뒤에 보이는 쪽에만 가볍게 금속색을 뿌려줍니다. 입체적으로 보입니다.

 10
전체에 먹선을 넣어줍니다. 타미야 에나멜 도료 저먼 그레이를 메인으로 다크 어스를 섞어줬습니다.

1/48 SCALE VOUGHT F4U-1D CORSAIR

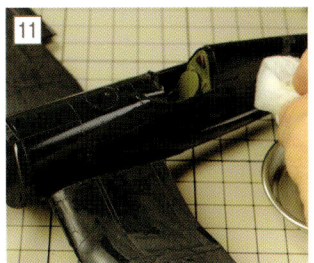

11 에나멜 도료를 1시간 정도 건조시킨 뒤에 킴와이프스에 에나멜 용제를 묻혀서 전체를 박박 닦아줍니다.

12 아직 표면에 먹이 과도하게 남아 있어서, 여러 번에 걸쳐서 깨끗이 닦아줬습니다.

13 데칼을 물에 담그고, 붙일 준비를 합니다. 손가락으로 가볍게 누르면 움직일 정도까지 기다린 뒤에 작업을 시작합니다. 데칼이 표면에 올라가면 바탕지를 살짝 빼줍니다.

14 설명서를 보고 데칼의 위치를 조정합니다. 데칼 이동은 손가락에 물을 묻혀서 수분을 추가하면서 해주세요.

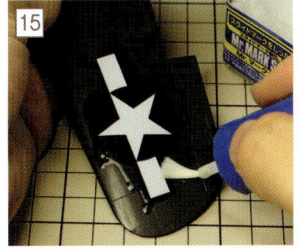

15 전체에 마크 세터를 발라서 잘 밀착시킵니다.

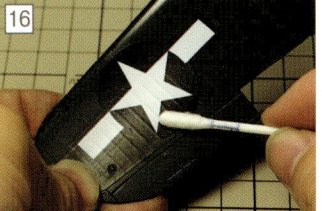

16 면봉을 굴리면서 잘 밀착시켜줍니다. 큰 몰드에도 잘 들어갑니다. 힘을 너무 줘서 데칼이 찢어지지 않게 주의하세요.

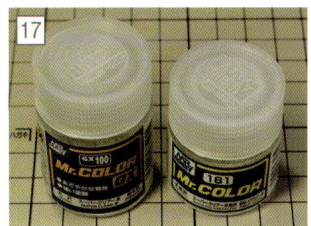

17 전체에 칠한 그로스 시 블루의 광택을 조절하기 위해, 반광에 클리어를 조금 섞어서(4:1) 뿌려줍니다.

18 연료탱크를 써서 바탕색과 클리어를 여러 번 비교합니다. 세 번째 테스트에서 겨우 만족스럽게 나왔습니다. 이제 전체에 클리어를 뿌려서 완성입니다.

POINT.04 피규어와 함께 즐겨보자

1 이쪽은 박스아트에 있는 것처럼 커세어와 조합하면 좋은 「미해군 항공대 파일럿, 토잉카 세트」(1,944엔).

2 파일럿 5개를 골라서 사용합니다. 전부 조형이 상당히 좋습니다. 먼저 손잡이를 달아줍니다.

3 노란색과 옷의 퍼프색이 잘 나오도록 전체에 흰색 서페이서를 뿌려줍니다.

4 흰색 서페이서를 뿌린 상태입니다. 다음으로 얼굴을 칠합니다. 여기서 소개할 방법이면 5개의 얼굴을 5분만에 칠할 수 있습니다.

5 사용하는 것은 시타델 컬러 레이크랜드 플레시 셰이드. 시타델 컬러의 셰이드 컬러는 먹선이나 필터링에도 사용할 수 있습니다.

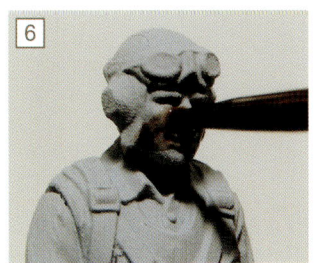

6 얼굴 부분에 레이크랜드 플레시 셰이드를 칠합니다. 밑색인 흰색을 살려서 얇게 물들이듯 칠해줍니다.

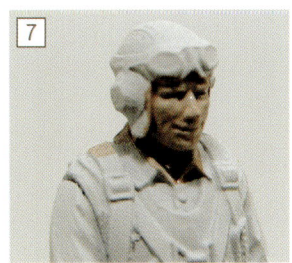

7 얼굴의 요철에 자연스럽게 흘러들어가고, 밑색인 흰색이 물들면서 간단하게 음영이 있는 피부가 완성됩니다. 너무 얇다 싶으면 다 마른 후에 다시 물들이듯 칠해주세요.

8 파일럿 수트 등은 타미야 아크릴 도료로.

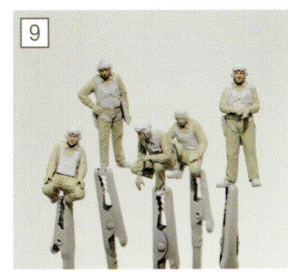

9 포인트는 하나씩 칠하는 것이 아니라 한 색을 5개 전체에 칠하는 것. 삐쳐나와도 신경 쓰지 말고, 리터치도 마지막에 한 번에 해주면 효율적입니다.

10

11 마지막으로 타미야 먹선 도료 다크 브라운으로 먹선 겸 워싱.

12 완성된 상태입니다. 대략 2시간 만에 다 칠했습니다. 난이도가 높은 얼굴 도색을 이렇게 처리하면 시간을 상당히 단축할 수 있습니다.

059

VOUGHT F4U-1D CORSAIR w/"MOTO-TUG"
태평양을 제압한 함상의 주역들

앞에서 봤을 때 ω(오메가) 모양인, 또는 갈매기를 뒤집어놓은 것 같은 실루엣의 역갈매기 날개 구조가 특징적인 커세어. 날개를 접는 기능도 재현한 좋은 키트지만, 이번에는 심플하게 날개를 펼쳐서 그 특징적인 실루엣을 즐길 수 있도록 제작했습니다. 미군 함재기의 특징적인 색인 「그로스 시 블루」를 살리기 위해, 비행기다운 표면의 색과 광택을 목표로 했습니다. 비행기 모형도 피규어와 조합하면 드라마가 생기게 되니, 피규어 제작도 꼭 즐겨보세요.

제작 / 켄타로

① 피규어와 함께 두면 비행기도 돋보인다.
② ③ ④ 그로스 시 블루의 광택감에 고집한 마감. 수평 꼬리날개에 수직 꼬리날개의 마킹이 비친 모습도 아름답다.
⑤ 데칼도 디테일에 잘 밀착됐다. 또한 주날개의 미끄럼 방지(검은 띠)는 무광으로 처리했다.
⑥ 프로펠러 안쪽도 무광 마감. 카울 플랩은 열린 상태로 하고 내부도 칠해줬다.

이번 작례의 포인트 정리
- 주날개는 부품 구성이 복잡하니 꼭 가조립을 해보자.
- 도색은 그로스 시 블루라는 이름답게 광택에 고집.
- 무광 부분은 광택을 확실히 죽여서 광택에 강약을 주자.
- 피규어는 순서를 잘 생각해서 칠하자. 피부는 간단한 물들이기를 추천.

061

KIT REVIEW

1/48 SCALE De Havilland Mosquito FB Mk.VI/NF Mk.II
드 해빌랜드 모스키토 FB Mk. VI/NF Mk. II

사상 유례없는 걸작 중의 걸작! 모스키토는 타미야에게 맡겨라!!

오래전부터 영국군기에 대해 엄청난 정열을 지니고 있는 타미야. 그 힘이 집중된 것이 모스키토 키트다. 아무래도 목제다보니 기체 표면에 디테일이 없지만, 그만큼 폭탄창 내부나 무장, 콕피트 내부 등의 표현에 치밀한 몰드가 집중됐고, 그것이 큰 볼거리다. 파일럿에게서는 생동감이, 타이어 몰드에서는 이런 데까지 신경을 썼구나 싶은 정성이 느껴진다. 두말할 것 없이 걸작이다.

text / 시게루

●3,672엔, 발매 중 ●전장 약 26.4cm

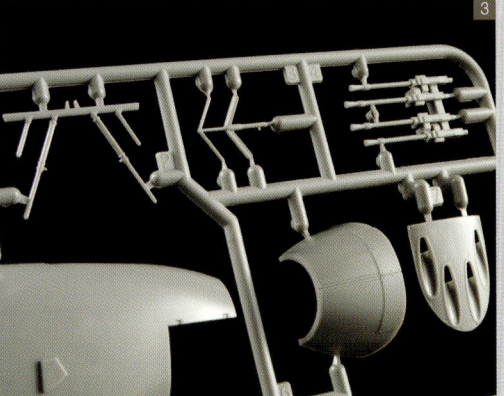

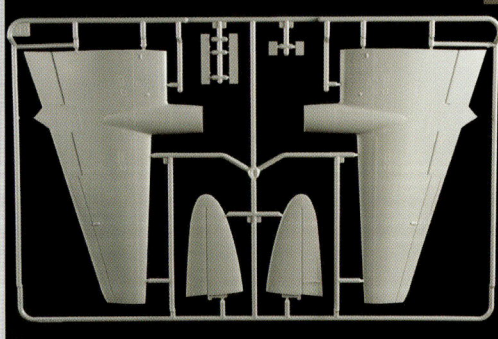

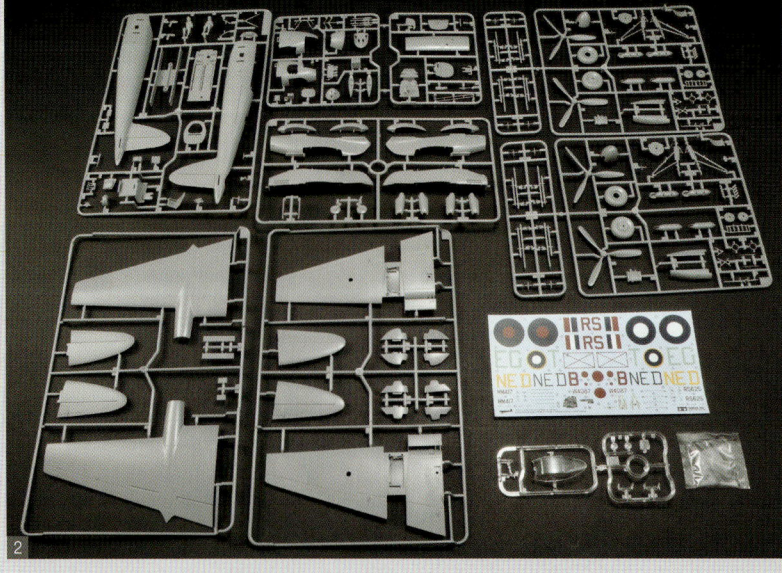

1 매끈한 동체 부품과 디테일이 가득 들어간 기내 부품의 대비가 아름답다. 목제라고 해서 요철이 전혀 없는 건 아니고, 부분적으로 몰드가 들어간 점에도 주목. 폭탄창 해치는 일체 성형이지만, 나이프로 자르기 위한 몰드가 있어서 열린 상태로 조립하는 것도 가능. 또한 키트에는 225kg 폭탄도 포함된다.

2 쌍발 기체다보니 부품 숫자가 많은 편이다. 하지만 주날개 등은 크게 일체 성형돼서 조립 편의도 배려했다.

3 기수 밑면에 배치된 4정의 7.7mm 기총 등도 빠짐없이 재현. 특히 이 기총은 탄약 상자도 탑재할 수 있게 되어 있다.

4 주날개와 엔진 나셀 윗면이 일체인 구조. 아래쪽에서 나셀을 끼워서 완성하는 구조. 눈에 띄는 부분에 부품 접합선이 생기지 않도록 잘 배려한 설계.

5 왼쪽이 파일럿, 오른쪽이 항법사 피규어. 항법사는 항로 계산용 보드를 들고 있는 모습으로 입체화됐다.

1/48 SCALE De Havilland Mosquito FB.Mk.VI/NF.Mk.II

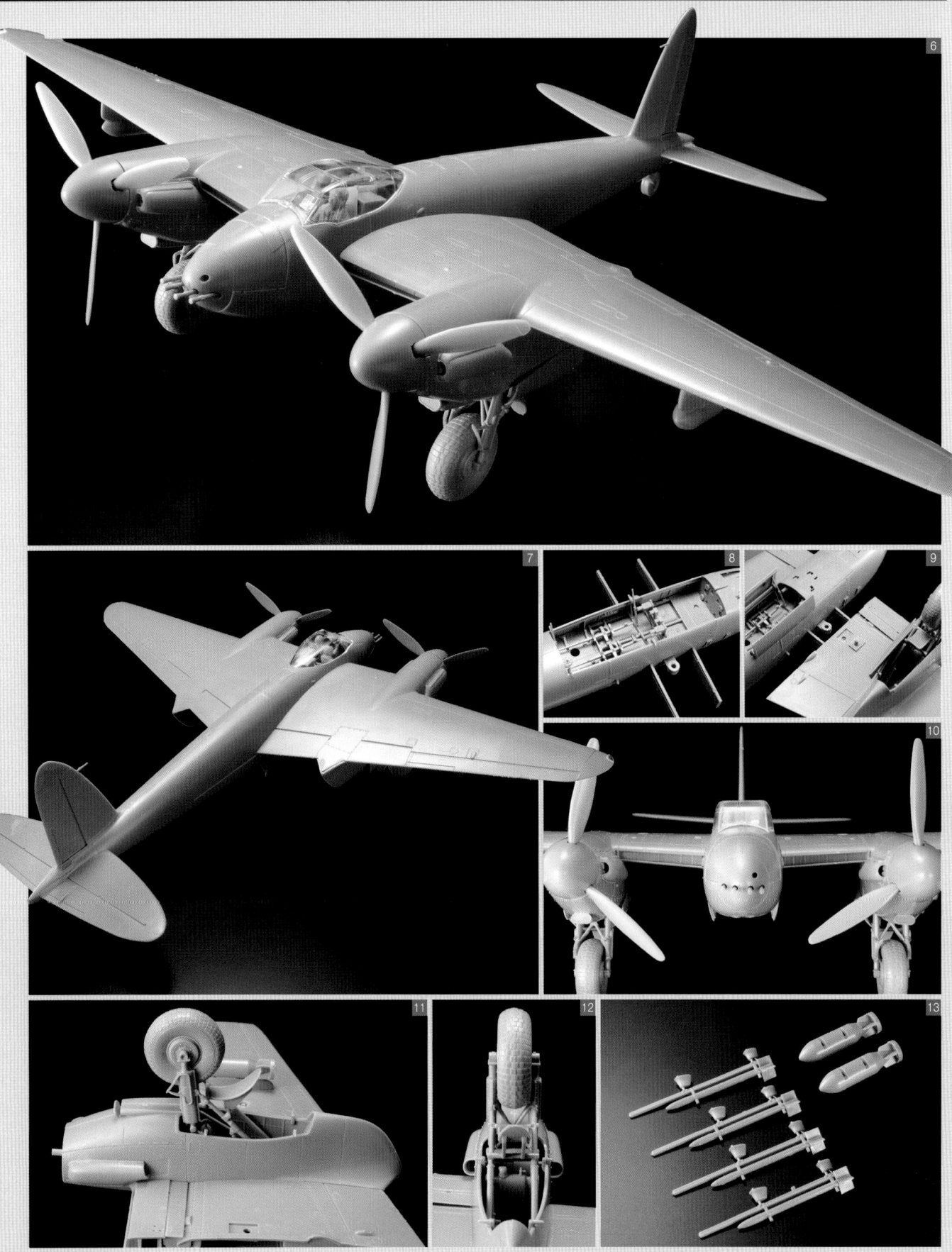

6 매끈한 기체 표면과 완만한 곡면으로 구성된 형상으로 모스키토다운 모습을 표현했다. 특히 길고 아름다운 주날개의 모습은 꼭 한 번 볼 가치가 있다. 또한 콕피트와 기어 등, 얼핏 보이는 디테일 부분의 밀도감도 좋다.

7 후방에서 봐도 늘씬한 인상은 변함이 없다. 기체 표면에는 몰드가 없지만, 조종익면 부분에는 확실하게 새겨져 있다.

8 폭탄창 내부는 꼼꼼하게 재현돼 있다. 이 부분에 키트에 포함된 225kg 폭탄을 탑재할 수 있다.

9 주날개는 좌우 2개의 지지대를 통해서 동체와 접속되는 구조. 커다란 기체지만 강도 면에서는 걱정할 필요 없다.

10 기수의 기관총은 총신이 잘 보여서, 정면에서 봤을 때도 위화감이 없다. 엔진 나셀의 공기 흡입구가 뚫려 있는 점도 매력적이다.

11 12 이 키트의 큰 볼거리 중 하나가 바로 이 메인 기어. 복잡한 구조 같지만 의외로 적은 부품으로 구성되었다. 타이어 트레드 조각도 세밀하다.

13 무장으로 앞서 말한 225kg 폭탄 외에 철갑 로켓탄도 4발 포함. 폭탄은 폭탄창 외에 주날개에도 달 수 있다.

063

HOW TO BUILD
De Havilland Mosquito FB Mk.VI modeled by Yoshikazu NAITO

「한번은 꼭 만들어보고 싶은 걸작 키트 모스키토」의 제작 절차를 살펴 보자!!

타미야 1/48 걸작기 시리즈 중에서도 많은 베리에이션이 발매됐고, 하나같이 훌륭한 완성도를 자랑하는 영국을 대표하는 고속 폭격기 「드 해빌랜드 모스키토」. 여기서는 「FB Mk.VI/NF Mk.II」 키트를 사용해서 키트의 도색 패턴 A인 「제487 비행대 소속 FB Mk.VI」를 제작하겠습니다.

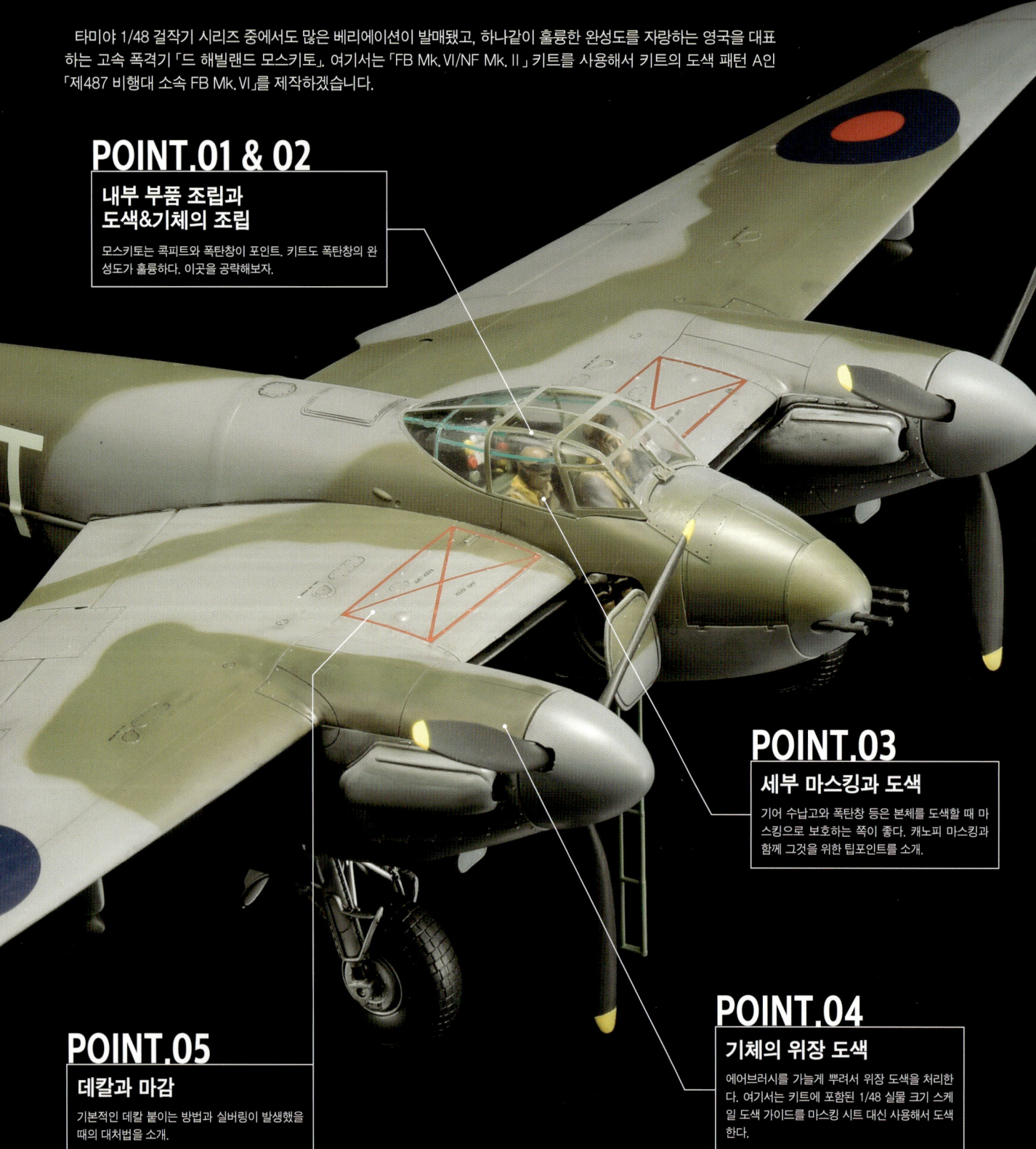

POINT.01 & 02
내부 부품 조립과 도색&기체의 조립
모스키토는 콕피트와 폭탄창이 포인트. 키트도 폭탄창의 완성도가 훌륭하다. 이곳을 공략해보자.

POINT.03
세부 마스킹과 도색
기어 수납고와 폭탄창 등은 본체를 도색할 때 마스킹으로 보호하는 쪽이 좋다. 캐노피 마스킹과 함께 그것을 위한 팁포인트를 소개.

POINT.04
기체의 위장 도색
에어브러시를 가늘게 뿌려서 위장 도색을 처리한다. 여기서는 키트에 포함된 1/48 실물 크기 스케일 도색 가이드를 마스킹 시트 대신 사용해서 도색한다.

POINT.05
데칼과 마감
기본적인 데칼 붙이는 방법과 실버링이 발생했을 때의 대처법을 소개.

POINT.01 내부 부품 조립과 도색

1

2

3

4

실제 기체의 역사적 배경과 구조적인 특징을 알면 모형에서 보다 입체적인 즐거움을 느낄 수 있다. 해설서 중에서 가장 가격대 성능비가 좋고 입수하기 쉬운 것이 분린도의 「세계의 걸작기」 시리즈. 기체 해설 문장과 풍부한 사진, 일러스트로 정보를 알 수 있다.

다음으로 보다 기체의 디테일에 중점을 둔 자료도 소개. 대일본회화의 에어로 디테일 시리즈. 세계의 걸작기와 비교해서 세부 사진에 중점을 뒀다. 프라모델 메이커가 실제 기체를 어떻게 해석했을까? 하는 부분을 이해하는 즐거움에도 도움이 된다.

모스키토가 실제로 행했던 작전을 베이스로 만든 전쟁영화 DVD. 이것도 모형 제작시의 즐거움을 크게 해준다(모형 제작을 미뤄두고 영화만 보게 되지만(웃음)). 비행 가능한 모스키토가 실제로 날아다니고, 흑백 영상 삽입이 아니라 실제로 컬러 필름으로 촬영해서 박력이 넘친다.

펜텔의 트라디오 프라만. 이쪽은 설명서에서 적을 때 사용하는 펜. 다른 키트에서도 사양을 선택하는 경우에는 먼저 읽고 표시해두는 쪽이 좋다.

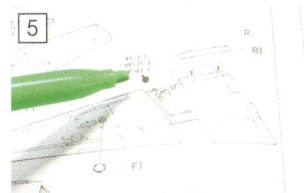
5

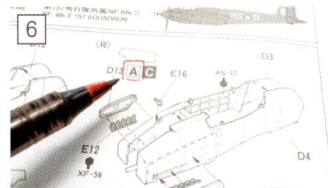
6

7

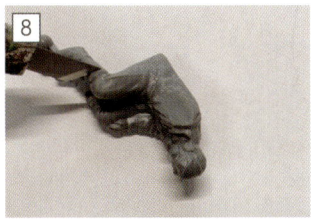
8

형광펜으로 표시한 곳은 기체 내부색 부분. 타미야 컬러에서는 세 가지 색을 섞게 되어 있고, 상당한 부분에 이 색을 사용하니 먼저 이 색을 칠할 부분을 형광펜으로 표시했다. 형광펜 여러 종류로 주요색을 표시해두면 알기도 쉽고 도색 효율도 좋아진다.

이 키트에서는 세 가지 마킹과 사양을 선택할 수 있다. 또한 폭탄창과 승강용 해치도 개폐를 선택할 수 있으니 먼저 표시해두자. 특히 구멍을 뚫어야 하는 부분은 조립한 뒤에 깜빡했다고 허탈하하는 비극을 막기 위해서라도 특히 주의해서 표시해두자.

이 키트에는 퀄리티가 좋은 파일럿 피규어가 들어 있다. 이번에는 파일럿 피규어도 태운다.

프라모델이니까 성형 사정상 파팅 라인이 생긴다. 이것을 처리. 1/48 크기의 작은 피규어라서 아트나이프 대패질로 지웠다. 개인적으로 이 작업에서는 날 각도 45를 사용.

9

10

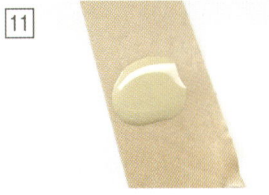
11

12

도색을 위해 「손잡이」에 붙인다. 타미야 키트는 런너에 달린 채로 조립하도록 배려한 케이스가 있다. 이 키트에서는 피규어의 몸통과 다리를 런너에 달린 채로 처리. 런너 부분을 집게로 집어서 손잡이로 사용한다. 팔은 그게 안되니까 양면테이프를 붙인 나무젓가락에 붙여준다.

먼저 피부색이 되는 부분을 에어브러시로 칠한다. 이번에는 목갑판색을 피부색으로 사용. 먼저 서페이서를 뿌려서 파팅 라인을 체크한 뒤에 피부색을 뿌린다.

부분 도색은 붓으로. 비행기 모델 피규어 도색에서는 아주 조금만 사용하는 색이라서, 종이테이프의 매끈한 면이나 씰 바탕지의 매끈한 면에 짜서 사용했다. 종이테이프째 버릴 수 있어서 편리.

각 부분을 칠했으면 Mr. 웨더링 컬러의 그라운드 브라운으로 워싱. 검정색 웨더링 컬러를 사용해도 되지만, 너무 진하기 때문에 브라운을 사용. 마른 뒤에 웨더링 컬러 희석액을 적신 면봉으로 닦아낸다.

13

14

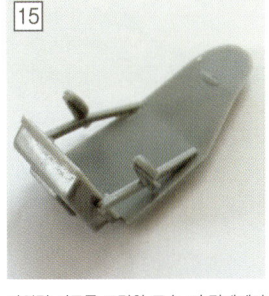
15

16

닦아낸 모습. 이 모스키토 피규어는 물론이고 비행기 파일럿 피규어를 태울 경우에 보는 사람의 시선이 압도적으로 집중되는 곳은 「얼굴」과 「손」. 얼굴의 「눈」 「코」 「입」만 인식할 수 있으면 된다.

콕피트 조립이 완료된 모습. 앞쪽(왼쪽)의 탄창(G14)은 기총 총신(G4)를 달아준 뒤에 접착해야 하니 이 단계에서는 접착하지 않았다. 조종간 등은 기체 내부색과 다르니, 이 단계에서는 접착하지 않고 도색한 뒤에 접착하는 쪽이 마스킹이나 붓칠을 줄일 수 있다.

파일럿 시트를 조립한 모습. 이 단계에서 칠한다.

항법사 시트쪽 조립이 완료된 모습. 이것도 송신기와 수신기의 색이 다르니 이 단계에서는 접착하지 않는다. 오른쪽의 핀에 꽂는 격벽(A2)도 붓 도색을 고려해서 이 단계에서는 접착하지 않고, 기체 내부색과 붓칠로 검정색을 칠한 뒤에 접착한다.

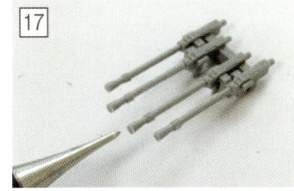
17

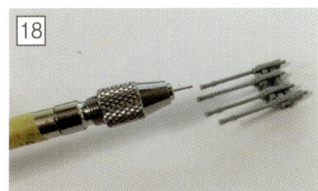
18

19

20

기수의 기총은 총구가 막혀 있다. 기수는 눈에 띄는 부분이고 기수에서 튀어나온 부품은 시선이 가는 곳이니 구멍을 뚫어서 간단히 디테일업을 해주자. 먼저 철필로 드릴 구멍 뚫을 자리를 잡아준다.

그 자리를 드릴로 뚫어준다. 이번에는 0.5mm 드릴로 뚫었다. 자주 사용하는 직경의 드릴은 핀바이스를 여러 개 준비해서 꽂아둔 상태로 사용한다. 마스킹 테이프를 붙인 것은 거기에 드릴 구경을 적어뒀기 때문.

폭탄창 문 개폐용 액추에이터 부품. 이 부품은 파팅 라인이 있으니 없애주자. 부러지기 쉬우니 사포질할 때 주의. Mr. 폴리셔 PRO 같은 툴이 있으면 부품에 힘을 가하지 않고 연마가 가능해서 부러질 위험이 낮아진다.

동체 접착면에는 요철이 거의 없지만, 그래도 지느러미나 파팅 라인이 있으니 다듬는 쪽이 잘 밀착된다. 접착면을 방수 사포 등으로 연마해주자. 이번에는 스지보리도의 목판 사포를 사용했다.

HOW TO BUILD

21 접착면 사포질이 끝났으면 테일 기어 수용 부분 부품을 붙인다. 수용부 색이 동체 내부 색과 다른 색이라면 도색한 뒤에 붙여야 하지만, 동체 내부와 같은 색이라서 먼저 붙이고 한 번에 칠하는 쪽이 편하다.

22 내부 부품에 「손잡이」를 달아준다. 집게로 잡을 수 있는 부품은 집게로 잡자. 잡을 수 없는 부품은 나무젓가락에 양면테이프를 붙이고 거기에 부품을 붙이면 된다. 물론 이쑤시개를 꽂아서 사용해도 된다.

23 타미야의 설명서는 XF-5:1+XF-21:3+XF-65:1로 되어 있는 색은 GSI 크레오스의 에어크래프트 그레이 그린에 해당된다. 「WWII 미육해군기/영국 공군기 인테리어 도장색」에 포함돼 있다. WW2 영국군기나 미군기를 만들 때 자주 쓰는 색이 세트로 구성돼 있다.

24 「WWII 미육해군기/영국 공군기 인테리어 도장색」중에서 에어크래프트 그레이그린을 사용.

25 도료를 열면 일단 잘 섞어준다. 정말 잘 섞어야 한다. 특히 한동안 사용하지 않은 색이라면 최소한 30초 이상 섞어주자. 섞는 막대는 타미야의 조색 막대가 가장 일반적.

26 에어브러시로 뿌릴 때는 구경 0.3mm 에어브러시로 0.1MPa(GSI 크레오스 L5의 에어 압력)으로, 「신품 상태의 Mr. 컬러」라면 희석 비율은 1:2 정도가 좋다.

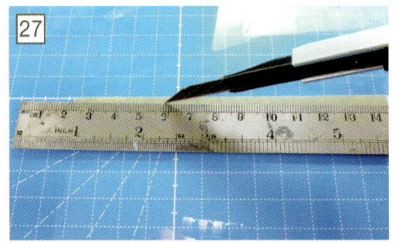

27 먼저 폭탄창 내부를 칠한다. 색을 구분해야 하니 마스킹을 해주자. 마스킹 테이프는 그냥 쓰는 것보다 잘라서 쓰는 쪽이 색이 새는 것을 더 줄일 수 있으니, 경계 부분은 마스킹 테이프를 자른 쪽을 붙여주자. 마스킹 테이프를 자를 때는 갓핸드의 유리 커팅 매트가 편리.

28 폭탄창 내부 천장에 해당되는 부분을 마스킹. 경계선 부분 외에는 마스킹 테이프를 자르지 않고 그대로 붙여도 된다. 캔 스프레이가 아니라 에어브러시로 칠한다면, 이 정도 폭만 마스킹해도 된다.

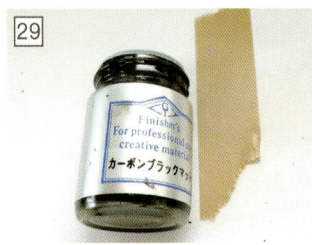

29 동체 내부의 검정색으로 칠한 부분을 붓으로 칠한다. 검정색은 상당히 강한 색이라서 검정에 가까운 회색으로 칠하면 전체 균형이 좋아진다. 개인적으로는 피니셔즈의 카본 블랙 매트를 검정색으로 사용한다.

30 종이테이프를 붙이고 그 위에 도료를 던 뒤에 붓도색. 붓으로 칠할 때의 농도는 Mr. 컬러 신품이라면 도료1에 희석액 0.5~1 정도가 적당할 것이다.

31 송신기는 전체에 에어브러시로 카본 블랙을 칠한 뒤에 작은 부분을 칠한다. 붓으로 칠할 때도 손잡이로 잡은 채 칠한다. 붓으로 칠할 때 종이테이프에 덜어 놓은 도료는 용제가 휘발돼서 진해지니까 희석액을 적절히 섞어주자.

32 송신기는 빨강이나 노란색으로 칠하는 부분이 있으니, 먼저 밑색으로 흰색을 붓으로 칠해주고, 그 뒤에 빨강과 노란색을 칠하자.

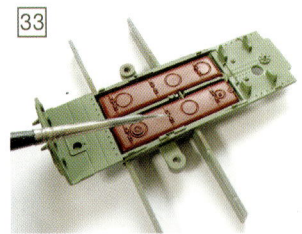

33 폭탄창 내부의 은색 부분도 붓으로. 이번에 사용한 붓은 타미야의 세필 HF로 비싼 붓은 아니다. 내구성이 높은 편은 아니지만, 처음 사서 한동안은 좋은 성능을 발휘한다.

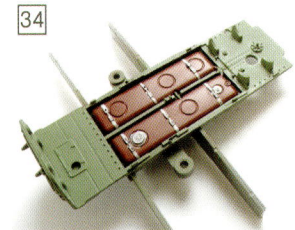

34 붓도색이 끝난 모습. 폭탄창 천장이고 완성한 뒤에는 굳이 봐야만 보이는 부분이다. 은색은 눈에 띄는 색이라서, 안쪽에 얼핏 보이면 모형의 인상이 두드러지니 가능하면 칠하는 쪽이 좋다.

35 동체 내부 부품에 음영을 넣어준다. 더럽힌다기보다는 몰드를 두드러지게 해주는 목적. 한 단계 어두운 색도 좋지만, 보다 범용성이 좋은 스모크 그레이를 사용했다. 음영을 뿌릴 곳은 대략적으로 말하자면 「몰드가 있는 곳」.

36 그 뒤에 먹선을 넣는다. 웨더링 컬러 멀티 블랙을 사용. 평붓으로 대략적으로 칠하면 된다.

37 웨더링 컬러가 거의 마르면(30분 정도) 웨더링 컬러 전용 희석액을 면봉에 적셔서 필요 없는 부분을 닦아준다. 어느 정도 남길지는 취향대로. 프라모델의 돌기 때문에 면봉의 솜 부분이 망가지니 자주 교체해주자.

38 계기판에 붙이는 데칼은 반드시 여백을 잘라낸 뒤에 붙이자. 여백 부분이 다른 부품에 걸리거나 삐쳐 나오기 때문에.

39 데칼을 물에 담근다. 얼마나 담그는지는 데칼의 상태에 따라 다르지만, 일단 설명서대로 10초 정도. 그리고 20초 정도 지난 뒤에 데칼이 바탕지 위에서 움직이는지 확인한 뒤에 붙이자.

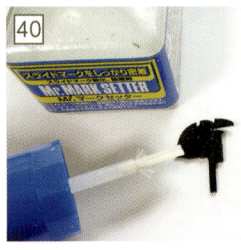

40 데칼을 밀착시키기 위해 마크 세터를 사용. 마크 세터는 데칼용 풀+소량의 데칼 연화제가 들어 있다. 데칼을 붙이기 전에 마크 세터를 조금 발라준다.

1/48 SCALE De Havilland Mosquito FB Mk.VI

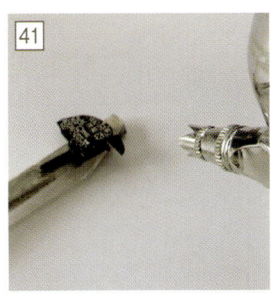
41
데칼이 마르면 클리어를 뿌려서 데칼을 보호. 이번에는 플랫 클리어를 뿌렸다.

42
콕피트 내부를 더욱 돋보이게 해주기 위해 볼록한 부분에 색을 더해주자. 먹선이 우묵한 부분을 두드러지게 해준다면, 이 공정은 볼록한 부분을 두드러지게 해준다.

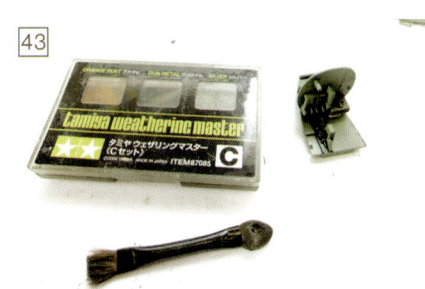
43
타미야의 웨더링 마스터를 사용. 타미야 웨더링 마스터는 세미웨트 타입의 파스텔 같은 상태인데, 화장품 아이섀도에 가까운 감각으로 사용할 수 있다. 동봉된 스틱의 스펀지 쪽으로 사용하면 드라이 브러싱 느낌으로 쓸 수 있다. 이번에는 웨더링 마스터 C세트를 사용했다.

44
은색 웨더링 마스터를 사용해서 도장이 벗겨질 것 같은 부분 등에 조금 세게 문질러주자. 다른 부분에는 조금만 문질러주면 된다.

45
웨더링 마스터 공정이 끝나면 콕피트 내부를 조립하자. 계기판은 흘려 넣는 타입 접착제로 접착. 이 부분은 완성되면 전혀 보이지 않는 부분이라서 접착제가 삐져 나오는 것은 신경 쓰지 않아도 된다.

46
작은 부품을 붙이다가 칠하지 않은 곳이 있으면 그때마다 칠하면서 조립하자. 콕피트 내부 부품 일부의 은색 도장을 깜빡해서, 이 단계에서 붓으로 칠해줬다. 또한 콕피트 내부는 어느 기체건 기본적으로 일부러 봐야만 보이는 부분이다. 자기 기준으로 눈에 띄는 부분만 칠하면 된다.

47
콕피트를 조립한 상태. 1/48의, 완성하면 거의 보이지 않는 콕피트로서는 충분하다. 파일럿을 태우지 않을 때는 시트에 데칼을 붙여서 벨트를 표현한다.

48
파일럿&항법사 피규어를 태운 모습. 파일럿의 팔은 조종간을 잡게 조절해서 접착한다. 얼핏 보면 콕피트 바닥이 거의 보이지 않는다는 것을 알 수 있다. 파일럿 피규어를 태울 거였으니 바닥은 안 칠해도 됐나? 그런 생각이 든 순간이다(웃음).

49
폭탄창 내부의 하드포인트 등을 달기 전의 상태. 여기도 폭탄을 달면 거의 안 보이는 부분이지만, 완성한 뒤에 빨간색이나 은색이 「얼핏」 보이니까 칠해주는 쪽이 좋을 것이다.

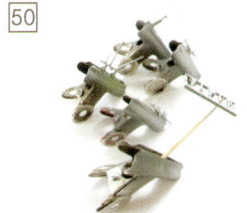
50
하드포인트 등에도 손잡이를 달고 은색으로 칠한다. 콕씨트를 도색할 때 소개하지 못했던 이쑤시개를 이용하는 방법을 소개. 여기는 이쑤시개 끝이 관통할 수 있어서 가공하지 않고 그대로 꽂아주고, 이쑤시개를 집게로 잡기만 해도 손잡이가 된다.

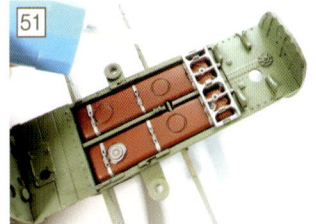
51
은색으로 칠한 부품을 폭탄창 쪽에 접착한다. 정밀도가 높은 부품이라서 시정된 위치를 잘 확인한 뒤에 흘려 넣는 접착제로 접착하는 것이 가장 간단. 이 부품은 앞뒤가 정해져 있으니 착각하지 않도록 주의하자.

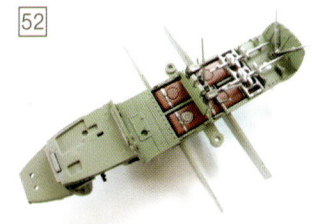
52
폭탄창 내부가 완성됐다. 이것만으로도 상당한 성밀감이 느껴신다. 다음으로 동체를 접착한다.

POINT.02 기체 조립

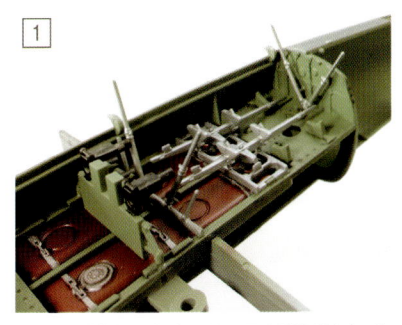
1
동체를 조립한다. 동체 내부 부품을 동체 한쪽에 붙인 모습. 뒤쪽 격벽이 동체의 라인과 딱 맞아서, 이 상태에서 격벽과 동체 사이에 흘려 넣는 접착제를 흘려 넣기만 해도 충분.

2
다른 쪽 동체도 맞춘 뒤에 접착제를 흘려 넣는다. 동체가 길고 잘 맞물리는 좋은 키트라서, 흘려 넣는 접착제를 사용하기에 적합.

3
좌우 동체를 접착했으면 마스킹 테이프 등으로 고정하고 건조. 잘 고정하면 접합선 수정도 최소화할 수 있다.

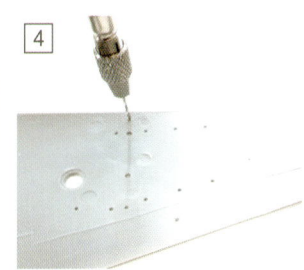
4
주날개에는 숨겨진 구멍이 있으니, 만드는 타입에 따라서 구멍을 뚫어준다. 치수 표시는 없지만, 설명서 앞쪽에 0.5mm, 1mm, 1.5mm 드릴을 사용하라고 되어 있었고, 구멍에 드릴을 대보니 1mm였다.

HOW TO BUILD

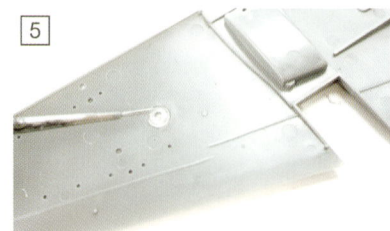

5

이 1/48 모스키토 키트에는 클리어 부품으로 된 라이트를 안쪽에 붙이게 되어 있다. 바깥쪽에서는 끼울 수 없으니 잊지 말고 달아주자. 전에 이 부품을 깜박해서 망연자실했던 적이 있다(쓴웃음). 안쪽에서 은색을 칠해두자.

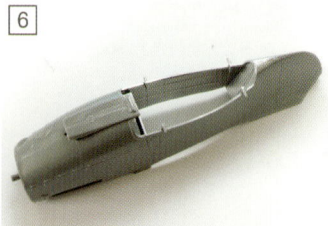

6

엔진 나셀도 접착. 여기는 눈에 띄는 접합선이 있으니 나중에 사포질이 필수. 엔진 나셀 안쪽은 은색이고, 동체 쪽은 기체 내부색과 다른 색이다. 동체와 접착한 뒤에 칠하려면 귀찮으니까 이 상태에서 먼저 칠해주자.

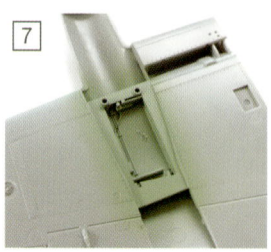

7

주날개 위아래를 흘려 넣는 접착제로 붙여주고 동체 쪽을 기체 내부색으로 칠한다. GSI 크레오스의 에어크래프트 그레이 그린을 사용.

8

엔진 나셀을 동체에 접착.

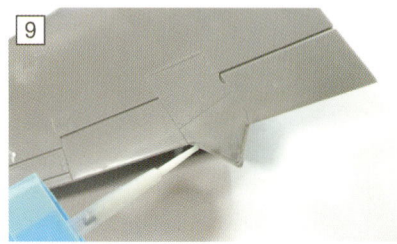

9

엔진 나셀 뒤쪽 접합부도 확실히 접착한다. 이 부분은 주날개 윗면과 일체라서 눈에 띄는 부분이다. 이 부분은 부품 구성상 어쩔 수 없이 단차가 생기기 쉬워서 사포질 처리가 필수.

10

폭탄창은 닫힌 상태고, 열 경우에는 설명서대로 잘라준다. 닫힌 상태로 제작할 때는 이대로 둬도 좋다. 참고로 구멍은 20mm 기관포를 쏜 뒤에 탄피가 배출되는 곳이다. 기본적인 웨더링 포인트.

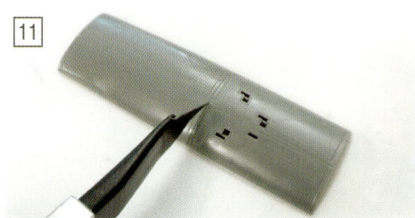

11

몰드를 따라서 나이프로 잘라준다. 날 끝을 교체하는 아트나이프 보다 일반적인 커터나 사진에 나온 세공 커터 쪽이 편하다. 세공 커터는 BD-200, 일반 커터는 올파의 검은 날을 추천.

12

깔끔하게 잘렸지만 약간 지저분하니 사포로 다듬어주자.

13

기수 아래쪽 기관포는 나중에 달기에 조금 어려운 구조라서 먼저 맞춰봤다. 사진에는 기수 쪽이 너무 내려와 있는데, 동체 라인에 잘 맞춰주고 접착하자.

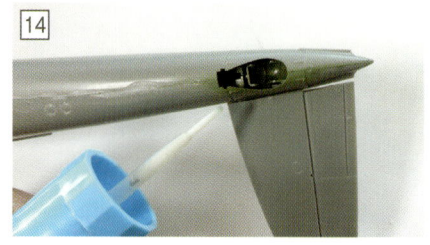

14

꼬리 날개를 동체에 접착. 이곳도 흘려 넣는 접착제를 사용. 꼬리 날개를 동체에 끼우는 판 부분에도 접착제를 묻히고 싶으니, 처음에 조금 틈새가 벌어진 상태에서 판 쪽에 흘린다. 그 뒤에 밀착하고 나서 표면 쪽에도 흘려 넣으면 튼튼하게 고정된다.

15

주날개를 꽂고 구멍 위치가 맞도록 위치를 조절한 뒤에 흘려 넣는 접착제로 접착.

16

핀 모양 부품을 꽂아서 접착한다. 이 부품의 날개 밑면 분할선은 지워야 하니까, 날개면과 같은 높이가 되도록 접착한다. 이 핀을 꽂는 구조는 처음 만들 때 엄청나게 감동했던 부분.

17

날개 끝은 별도 부품. 날개 끝을 일단 꽂아보니 밀착되지 않아서, 동체 쪽 접착부를 스틱 사포로 갈아서 맞춰줬다.

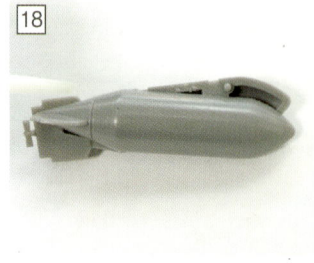

18

4발을 사용할 폭탄은 좌우 분할이라서 접착하고 접합선을 없애자. 접착면에 단차가 거의 없어서 바로 흘려 넣는 접착제로 접착. 엇갈린 것은 사진 촬영을 위해서. 맞춰놓았더니 자꾸 굴러가버렸다.

19

폭탄은 곡면이니 스펀지 사포나 곡면에 사용하기 좋은 타미야 피니싱 페이퍼 등으로 접합선을 지웠다.

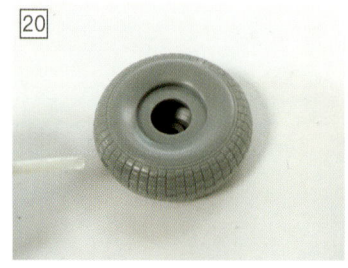

20

메인 기어의 타이어도 좌우 분할이니 먼저 접착하고 접합선을 지우자. 키트에 따라서는 접합선을 지우면 타이어의 트레드가 지워지는 경우도 있지만, 이 키트는 지워지지 않을 만큼 깊고 정밀하다. 조금 전처럼 스펀지 사포로 접합선을 처리하자.

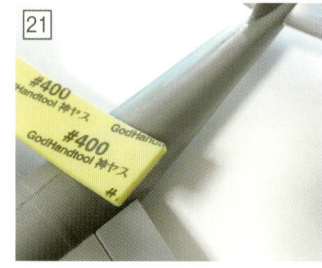

21

이 공정이 끝나면 동체 접착면의 접착제도 다 말랐을 테니 접합선을 지우자. 먼저 400번 스틱 사포로 깎는다. 이 뒤에 마찬가지로 800번을 사용하면 OK. 다른 접합선 부분도 단숨에 처리한다.

POINT.03 세부 마스킹과 도색

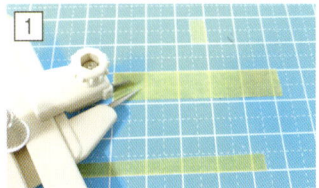

1 본체를 도색하기 전에 주날개 내부에 접착한 클리어 부품을 마스킹. 커팅 마트에 마스킹 테이프를 붙이고 서클 커터로 잘랐다. 플라츠 / 가넷의 슈퍼 펀치 컴퍼스라면 1.5mm~10cm까지 원을 뚫을 수 있어서 편리.

2 슈퍼 펀치 컴퍼스로 자른 마스킹 테이프를 클리어 부품에 붙인다. 이렇게 자른 마스킹 테이프는 필연적으로 중앙에 구멍이 뚫리니까, 작게 자른 마스킹 테이프로 막아주자.

3 폭탄창 등을 마스킹한다. 가느다란 부분이 없으면 그대로 티슈 등을 채우는 방법도 있지만, 이번에는 폭탄창의 하드 포인트가 있으니 먼저 부러지기 쉬운 막대 부분을 감아주는 식으로 마스킹 한 뒤에 폭탄창, 메인 기어 수납고, 테일 기어 수납고를 마스킹한다.

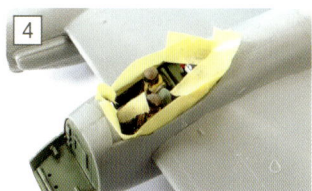

4 기체 위쪽. 마스킹 테이프를 이용해서 마스킹. 이런 열린 부분 마스킹에는 마스킹 테이프의 풀이 붙은 쪽을 콕피트 내벽 쪽에 붙도록 한 바퀴 돌려주고, 그 뒤에 안에 있는 피규어 부분까지 대략적으로 마스킹한다.

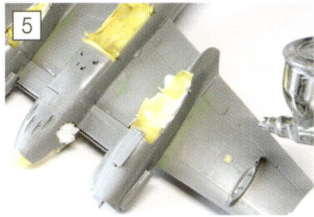

5 마스킹이 끝났으니 가이아노츠의 서페이서 메카서프 라이트를 뿌린다.

6 서페이서를 뿌리면 접합선 처리 미스나 파팅 라인 처리 미스를 발견하기 쉬워진다. 이번 제작에서 제일 눈에 띄는 처리 미스를 예로 들었다. 접합선을 충분히 처리하지 못한 부분이 보인다.

7 처리하지 못한 부분을 가볍게 연마한 뒤에 퍼티를 바른다. 우묵한 부분에 들어가도록 발라주자. 너무 많이 바르면 마르는 데 시간이 걸린다. 대략 1mm 이하로 생각하자.

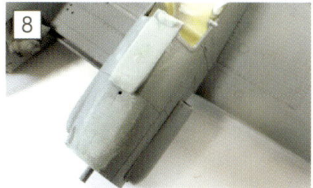

8 마르면 다시 방수 사포 등으로 연마. 녹색 부분이 퍼티를 사용한 부분이다. 방수 사포로 연마했는데도 남았다는 것은, 그 부분이 우묵한 부분이었다는 증거. 이번에는 이 부분을 예로 들었는데, 다른 부분도 똑같이 처리하자.

9 타이어는 검은 색으로 칠하고, 구멍을 뚫은 마스킹 테이프를 타이어의 고무 부분에 붙인다. 이 때 주의할 것이 「조립한 뒤에 벗길 것도 고려하자」. 한 장을 뚫어서 붙이면 벗길 수가 없으니, 네 조각을 내서 붙인다. 이러면 조립한 뒤에도 벗길 수 있다. 그 뒤에 고무 부분 전체를 덮도록 마스킹한다.

10 고무 부분을 마스킹한 뒤에 메인 기어를 조립. 이곳도 흘려 넣는 타입으로 접착한다. 이 메인 기어에도 접합선이 있었지만, 완성하면 보이지 않는 부분이라서 처리하지 않고 넘어갔다. 파팅 라인은 처리하자.

11 프로펠러에 파팅 라인이 있어서 처리. 구석 부분에도 파팅 라인이 있는데, 아트나이프나 세라믹제 끌 공구가 편리하다.

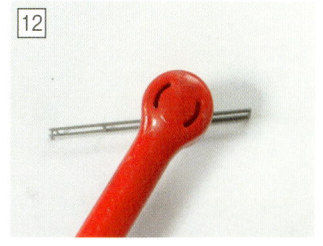

12 승강용 러더에도 파팅 라인이 있으니 처리하자. 부러지기 쉬운 부분이니 Mr. 폴리셔 PRO1 같은 공구를 사용해서 텐션을 주지 않고 처리하면 편하다.

13 비행기 모델의 난관 중 하나가 캐노피 마스킹. 별매품 마스킹 시트나 마스킹 졸을 사용하는 방법, 마스킹 테이프를 잘게 잘라 붙이는 등 방법은 많지만, 이번에는 가장 대담하고 간단한 방법을 소개하겠다.

14 이 방법은 기본적으로 캐노피의 몰드가 마이너스 몰드인 프라모델에 적합한 방법이다. 마스킹 테이프를 딱 맞게 붙인 뒤에 조명에 비춰본다. 그러면 마이너스 몰드의 선이 보이니, 그 선을 따라서 나이프로 자른다.

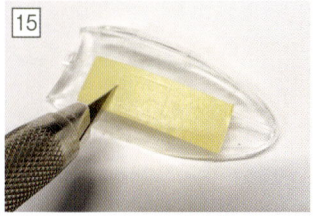

15 마이너스 몰드를 따라서 마스킹 테이프를 자른다. 이번에는 촬영을 위해서 밑에 두고 잘랐지만, 가능한 조명에 비추면서 자르면 몰드의 위치를 알기 쉽다.

16 테이프를 다 자르고 불필요한 부분을 벗긴 상태. 이 작업을 전체적으로 반복한다. 또한 마스킹 테이프가 아니라 바른 뒤에 자르는 타입의 Mr.마스킹 졸 개(改) 등도 같은 공정을 거친다. 마스킹 테이프 쪽이 벗기기 쉬운 이점이 있다.

17 유리 부분을 전부 마스킹한 모습. 이 모스키토의 경우 뒤쪽 창틀 일부가 안쪽에 있고, 나중에 데칼을 붙여서 재현하게 되어 있으니 주의하자. 표면에 빛을 비춰서 마이너스 몰드가 어디 있는지 찾아보면 알기 쉽다.

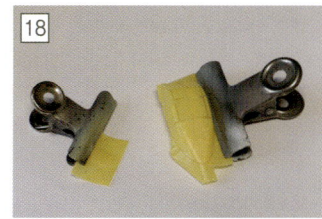

18 캐노피 안쪽에도 마스킹 테이프를 붙인다. 안쪽에 붙인 테이프를 클립으로 집어서 손잡이를 만든다. 동체 아래에 달리는 창도 같이 준비해주자.

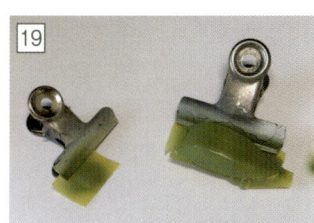

19 먼저 기체 내부색을 뿌린다. 이 때 도료가 테이프 사이로 들어가지 않도록 「조금 진하면서」 「금방 마르게 조금씩」 뿌린다.

20 내부색 다음에는 비침 방지용으로 서페이서를 뿌리고, 그 뒤에 기체 윗면 색을 뿌린다. 내부색 다음에 기체 윗면 색을 뿌려도 되지만, 같은 윗면 색 캐노피 틀과 통상 플라스틱 부품의 색감을 맞추기 위해서라도 같은 밑색을 사용하는 쪽이 좋다.

HOW TO BUILD

POINT.04 기체의 위장 도색

1 기체 표면의 기본 도색은 GSI 크레오스의 「WWII 영국 공군기 중후기 표준 도장색」을 사용. 이 세트에 들어 있는 3색의 미디엄 시 그레이, 오션 그레이, 다크 그린이 딱 이 기체의 3색이다. 이 색은 제2차 세계대전 중기 이후 영국 전투기에서 가장 표준적인 색이다.

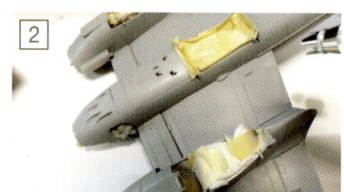

2 동체 밑면 도색을 시작. 한 번에 색을 입히려 하지 말고 조금씩 칠하자. 특히 표면이 젖지 않은 상태에서 처음 뿌릴 때 조심하자. 반대로 말하자면 조금이라도 젖어 있으면 어느 정도의 무리는 허용된다고 할 수 있다. 에어브러시는 농도, 에어 압력, 거리 세 가지의 균형이 중요한데, 자신에게 맞는 균형을 찾아내자.

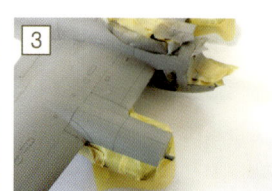

3 동체 밑면 도색이 끝나면 충분히 말려준다. 그 뒤에 윗면 도색 준비에 들어간다. 모스키토의 실제 기체를 봐도 위장의 그러데이션 폭이 상당히 작거나 없는 경우가 많다. 엔진 나셀의 색 구분은 그러데이션을 넣지 않기 위해, 마스킹 테이프로 확실히 감싸준다.

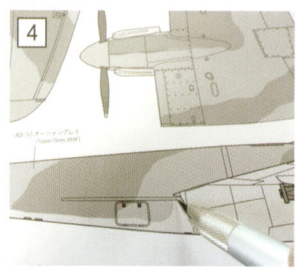

4 동체 뒤쪽과 윗면 색 2색의 구분은 종이 틀을 사용. 이 키트는 1/48 실물 크기 위장 패턴이 들어 있으니, 잘라내면 그대로 사용할 수 있다.

5 종이 틀을 얼마나 밀착, 또는 띄우는지도 포인트 중의 하나. 이 모스키토에서는 그러데이션의 폭이 거의 없어서, 종이를 띄우기 위해 마스킹 테이프를 꼬아서 사용.

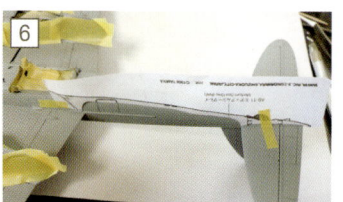

6 종이 틀을 꼰 마스킹 테이프로 고정했고, 종이 끝 부분 등에는 마스킹 테이프를 평범하게 붙여서 고정했다. 실물 크기 패턴을 잘라냈으니 딱 맞는다. 위치는 문 표현 몰드 등을 기준으로 잡아주자.

7 기수와 승강용 해치 도색에도 종이 틀을 사용하거나, 복사지 등을 잘라서 꼰 마스킹 테이프로 붙여주자.

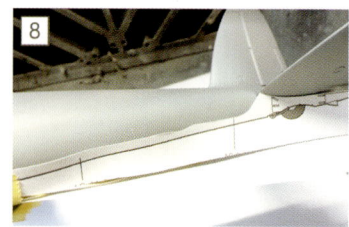

8 이 상태로 오션 그레이를 뿌린다. 구분선 부근을 도색할 때는 기체 위쪽에서 뿌리면 오션 그레이가 아래쪽으로 들어가 버린다. 수평이나 아래쪽에서 뿌려주자.

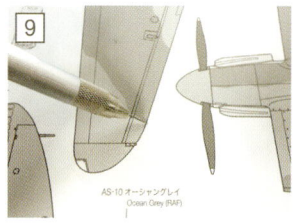

9 오션 그레이 도색이 끝나면 다음엔 다크 그린용 종이들을 잘라내자. 주날개 등은 거의 그대로 붙일 수 있지만, 동체는 곡면이라서 약간 조정이 필요.

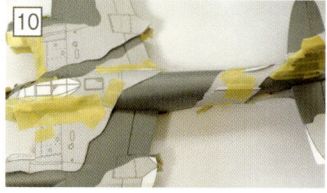

10 다크 그린 도색용 종이 틀을 붙인 모습. 동체 등은 윗면의 도색 패턴만 가지고는 기체에 잘 맞지 않으니, 측면 패턴지와 조합해서 사용했다. 측면과 윗면으로도 부족할 때는 복사용지를 잘라서 적절히 사용하자.

11 다크 그린이 끝나고 종이를 벗긴 모습. 동체와 주날개 사이 부근에 아쉽게도 다크 그린이 스며들어간 곳이 보인다. 이 정도라면 간단히 보정할 수 있으니 너무 낙담하지 말자.

12 에어브러시를 가늘게 설정하고 오션 그레이를 뿌려서 리터치. 만약 가지고 있다면 0.2mm 노즐의 에어브러시를 사용하면 이런 곳을 보정할 때 편하다. 물론 0.3mm 에어브러시를 가늘게 뿌려도 된다. 가늘게 뿌릴 때는 에어브러시를 대상에 가까이 대야 하니 에어 압력을 낮추자.

13 기본 도색이 완료된 단계. 이 뒤에 먹선을 넣는데, 몰드 등을 두드러지게 해주기 위해서라도 음영을 넣어주자. 기본색보다 약간 어두운 색을 사용하게 되는데, 가장 빠른 방법으로 스모크 그린을 사용.

14 가늘게 뿌려서 음영을 넣어주니까, 통상 도색 때보다 에어브러시와 모형의 거리가 짧아진다. 에어브러시는 0.2mm가 있으면 좋다. 에어 압력은 0.05Mpa 정도까지 낮추고, 도료 농도도 보통 도색보다 묽게 해주자. 음영을 어디에 넣을지는 만드는 사람 마음이지만, 일단 「몰드가 있는 곳」에.

15 음영을 다 넣은 모습. 입체감이 조금 더 좋아지고, 면의 정보량이 늘어났다. 음영은 취향에 따라 넣어주자.

16 기체 표면에 워싱과 먹선을 넣는다. GSI 크레오스의 웨더링 컬러 멀티 블랙을 전체에 바른다. 전체를 워싱하면서 전체의 톤(색조)을 맞춘다. 먹선으로 패널 라인만 강조하고 싶을 때는 몰드 부분에만 발라주자.

17 메인 기어 등도 마찬가지로 웨더링 마스터 멀티 블랙으로 워싱. 이번에는 기어가 은색이라서 웨더링 컬러 멀티 블랙을 사용했다.

18 웨더링 컬러용 희석액으로 닦아내자. 희석액을 적신 면봉을 사용하는 게 일반적인데, 큰 평면은 희석액을 적신 킴와이프스를 추천. 먼지나 펄프 조각이 적다는 이점이 있다.

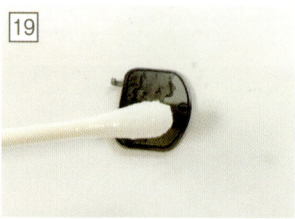

19 작은 부품은 희석액을 적신 면봉으로 닦는데, 면봉 끝이 풀어지거나 더러워지면 아끼지 말고 바꿔주자. 또한 앞서 말한 킴와이프스를 삼각형으로 접고 그 끝으로 닦아내도 된다.

POINT.05 데칼 붙이기와 마감

1. 현용기와 달리 데칼이 상당히 적은 편이다. 먼저 붙이고 싶은 데칼을 자른다. 한 장씩 할 필요는 없지만, 데칼을 붙일 때 붙이기 편한 크기로. 개인적으로는 대량 2장 정도씩 자르고 있다. 이 국적 마크는 여백을 자르지 않아도 된다.

2. 데칼을 붙일 곳에 Mr. 마크 세터를 바른다. Mr. 마크 세터에는 풀이 들어 있어서 데칼이 더욱 잘 밀착된다. Mr. 마크 세터 붓이 작은 데칼에 쓰기에는 너무 커서 미리 숱을 줄여줬다.

3. 데칼을 바탕지에서 미끄러뜨리면서 정해진 위치에 붙인다. 위치는 마킹 가이드를 참고로 하고, 몰드와 모순이 없는 위치로 정하자. 단, 국적 마크에서 중요한 점은 세세한 위치보다 양쪽 날개에서 대칭되는 위치에 붙였는가 하는 점이다.

4. Mr. 마크 세터를 사용해도 어쩔 수 없이 데칼이 들뜨는(실버링) 일이 생기는데, 이 때의 대처 방법도 몇 가지가 있다. 우선 시도해볼 만한 것은 Mr. 마크 세터와 아트나이프로 수정하는 방법.

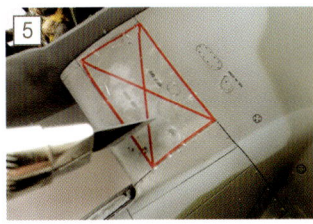

5. 실버링이 일어난 데칼 위에 Mr. 마크 세터를 바른다. 그리고 아트나이프로 데칼에만 칼집을 넣는다. 이러면 칼집을 통해 마크 세터가 들어가서 데칼이 밀착된다. 보통 이 방법으로 대처가 가능하다.

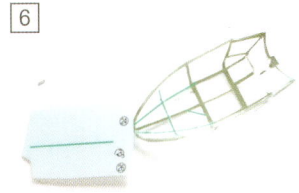

6. 이 모스키토는 캐노피의 창틀 표현으로 클리어 부품 뒷면에 데칼을 붙이는 곳이 있다. 캐노피의 몰드에서 벗어나지 않도록 조심해서 붙이자.

7. 데칼이 마르면 전체의 광택 조정과 데칼 보호를 겸해서 무광 클리어를 뿌린다. 이번에는 가이아 노츠의 EX-클리어에 가이아노츠의 플랫 클리어를 약간 섞어서 사용했다.

8. 플랫 클리어는 에어브러시용으로 농도를 희석해서 준비했다. 사진은 하이큐 파츠의 드롭 보틀 DP. 병 안에 볼이 있어서 흔들기만 해도 잘 섞인다.

9. 플랫 클리어가 마르면 마지막 조립을 하자. 폭탄창 내부의 폭탄은 폭탄 선반 쪽에 보통 타미야 시멘트를 바르고 접착. 안 보이는 부분이니 약간 삐져 나와도 아무 문제없다.

10. 메인 기어와 동체 접속도 핀이 길고 강도가 충분하니 순간접착제를 사용할 필요는 없다. 그리고 이 부분은 끼운 뒤에 흘려 넣는 접착제의 주둥이를 넣을 수가 없다. 핀 부분에 보통 타미야 시멘트를 바르고 끼우면 충분.

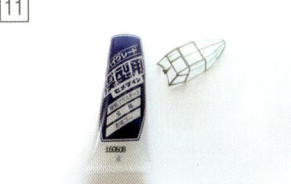

11. 비행기 키트에서 캐노피 등의 클리어 부품을 동체에 접착할 때 추천하는 것이 세메다인의 하이 그레이드 모형용. 투명하고 눈에 띄지 않으며 클리어 부품이 흐려지지 않는다. 수성이니까 마르기 전에 물로 닦아낼 수도 있다.

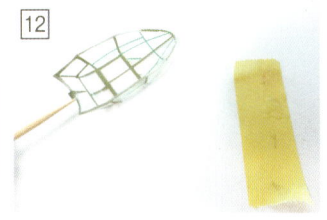

12. 하이그레이드 모형용을 마스킹 테이프에 짜내고, 붓 등으로 캐노피 가장자리에 발라준다.

13. 캐노피를 붙여주고 삐져 나온 부분을 물을 머금은 면봉으로 닦아준다. 접착제를 바르고 5분 정도는 닦아낼 수 있으니 서두를 필요는 없다. 닦아냈으면 한동안 움직이지 말고 방치. 2시간 정도면 완전히 고정된다.

14. 포지션 램프는 전체를 클리어 블루나 클리어 레드로 칠하는 타입이 아니라, 내부 램프가 착색된 타입이다. 이 키트에서는 내부가 우묵하고, 그 부분을 칠하면 되는 편리한 설계. 이쑤시개 등으로 콕 찍어서 칠하자.

15. 동체 접합선 수정 공정에서 일부러 다시 새기지 않은 몰드의 표현 방법을 제안한다. 오래됐지만 어째선지 잘 알려지지 않은 방법이다. 「새기는」 것이 아니라 「그린다」. 지금은 촉이 가는 펜이 많으니, 몰드를 파지 않고 그리기만 해도 충분히 그럴듯하다.

16. 사용한 것은 코픽 0.03mm인데, 촉이 가는 펜이면 뭐든 좋다.

17. 더 초보적인 웨더링 방법으로, 엔진 배기관의 검댕 표현을 소개한다. 검댕 표현 방법은 다양하지만, 타미야 웨더링 마스터가 제일 간단하다. 세미웨트 타입이라서 간단히 정착된다. 스펀지 쪽으로 사용하면 가루도 거의 날리지 않는다.

18. 상상으로, 혹은 실제 기체 사진을 보면서 검댕 얼룩을 그려준다. 이것은 만드는 사람의 취향에 따라서 처리해주면 된다. 동시에 기체 아래쪽 탄피 배출구 부근에도 처리해주자.

De Havilland Mosquito FB Mk.VI
경이적인 목제기를
정밀모형으로 즐기는 기쁨

제작 / 나이토 요시카즈

꼼꼼한 제작 절차를 거쳐 완성한 모스키토. 목제기답게 표면 디테일은 적지만, 세련되고 아름다운 실루엣이 매력적입니다. 조립 편의도 좋아서, 처음으로 커다란 쌍발기를 만들어 보고 싶을 때 즐기기 좋은 키트입니다. 같은 시리즈에서 발매 중인 스핏파이어 등과 함께 만들어보는 건 어떨까요?

이번 작례의 포인트 정리
- 키트 하나로 다양한 베리에이션을 선택할 수 있으니, 만들 사양을 정했으면 설명서에 표시해두자.
- 정밀한 폭탄창을 잘 칠하면 존재감 상승.
- 기어 수납고 등의 마스킹은 확실하게.
- 1/48 스케일 실물 크기의 패턴 가이드를 마스킹 시트 대신 사용하자.
- 데칼이 실버링을 일으키면 아트나이프로 칼집을 내고 마크 세터를 흘려 넣어주자.

KIT REVIEW

1/48 SCALE MITSUBISHI ISSHIKIRIKKO TYPE 11
미츠비시 일식 육상 공격기 11형

큰 부품을 팍팍 붙이고 조립하는 쾌감!

1996년에 발매된 일식 육공은 큰 기체 크기, 그리고 의외로 상자가 작은 것으로 유명하다. 부품이 가득 들어있는 상자를 열어보면 한아름이나 되는 동체 부품과 상하 2면으로 나뉜 주날개 부품이 눈에 들어온다. 부품 분할은 다른 레시프로 단발기와 크게 다를 게 없으니, 평소보다 큰 부품을 척척 붙이고 조립하다 보면 필연적으로 같은 공작이라도 작업에 기세가 생긴다.

text / 시게루

●6,264엔, 발매 중 ●길이 약 41.6cm

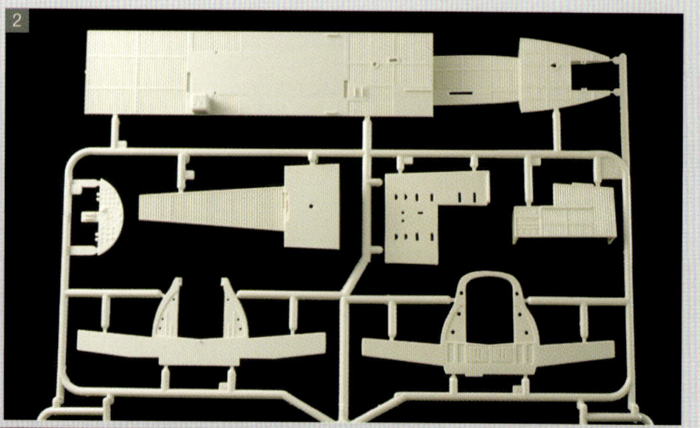

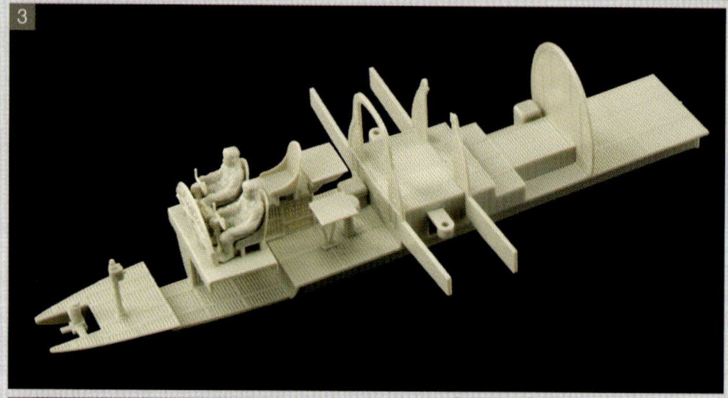

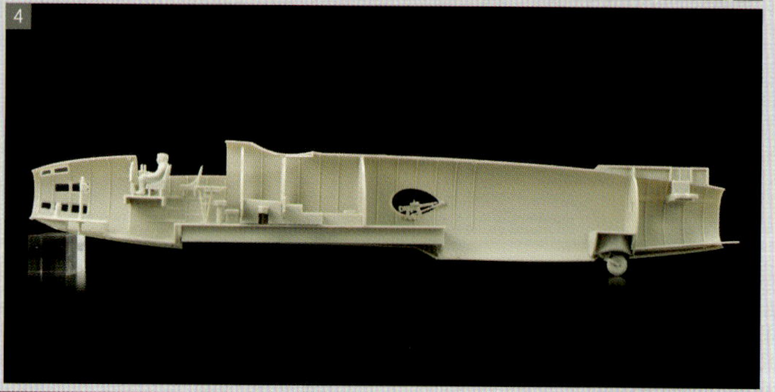

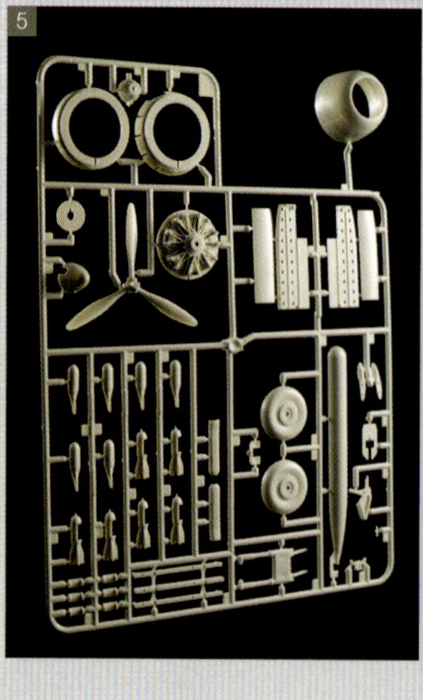

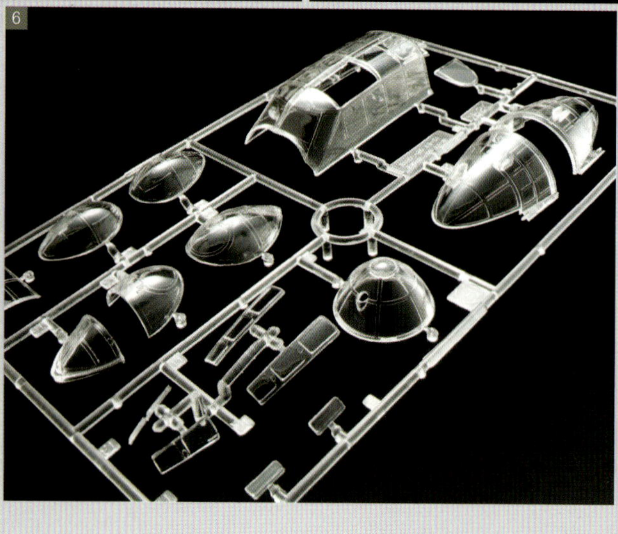

① 끝으로 가면서 가늘어지는 시거형 동체 형태를 잘 재현한 기수. 동체는 앞에서부터 끝까지 한 번에 좌우로 분할된 거대한 부품으로 되어 있다.
② 기체 내부에 끼우는 바닥과 기내 기재 부품, 그리고 프레임을 겸하는 주날개용 지지대 부품. 기체 내부는 동체 중간 부분까지 재현돼 있다.
③ 조립한 동체 내부 부품. 이 부분을 어느 정도 조립한 뒤에 동체 측면 부품을 붙여나간다.
④ 동체 측면 부품을 조립한 기체 내부에 끼운 모습. 「어디에 폭탄과 어뢰를 싣는가」「조종석 후방은 어떻게 되어 있는가」 등, 기내 배치가 일목요연.
⑤ 일체 성형된 카울과 기어 수납고 내부 벽면 부품도 들어 있다.
⑥ 대형기답게 클리어 부품도 많다. 특히 동체 각 부분에 달리는 버블 캐노피의 곡면이 아름답다.
⑦ 기수 주변을 완성한 상태. 이 완만하게 둥근 형태가 일식 육공의 특징적인 외관이다.
⑧ 꼬리 부분 기층좌는 한눈에 봐도 기재가 잔뜩 들어 있는 느낌.

1/48 SCALE MITSUBISHI ISSHIKIRIKKO TYPE 11

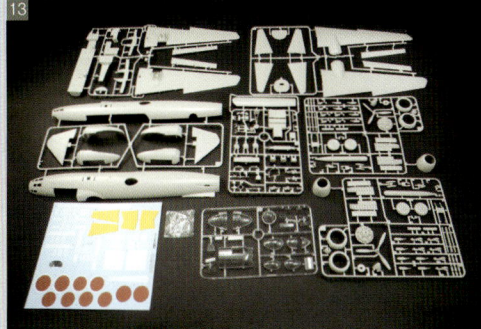
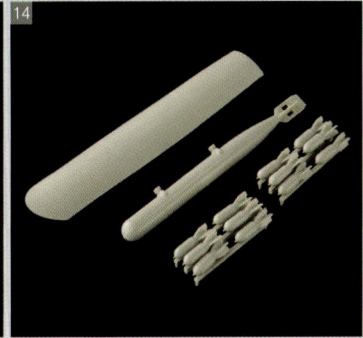

⑨ 조립한 상태를 보면 타미야의 일식 육공이 심플하면서도 독특한 형태를 잘 재현했다는 것을 알 수 있다. 특히 콕피트의 캐노피 주변의 부품 모습이 날렵한 인상.
⑩ 후방에서 봐도 실제 기체와 닮았다는 말이 나올 뿐. 잘록한 부분이 없이 굵직하게 이어지는 동체가 일식 육공 본래의 인상을 잘 살리고 있다.
⑪ 플랩은 올린 상태와 내린 상태 양쪽 모두 선택해서 조립 가능하다. 뒤쪽도 얇게 처리돼서 샤프한 분위기가 느껴진다.
⑫ 엔진은 정면에서 보이는 범위에서 재현. 스피너와 어우러져서 조립한 뒤에 거의 보이지 않으니, 이걸로 충분하다. 카울 플랩은 개폐 선택식.
⑬ 1/48 대형기 치고는 놀라울 정도로 적은 부품. 큼직한 동체와 주날개 부품이 눈길을 끈다.
⑭ 무장으로 91식 어뢰나 소형 폭탄을 선택할 수 있다. 어뢰를 탑재할 때는 사진 왼쪽의 폭탄창 일부를 잘라내야 한다.
⑮ 같은 스케일 제로센과 비교해보면 가로세로로 대략 2배의 볼륨. 이 크기의 모형이 술술 조립되는데서 쾌감이 느껴진다.

HOW TO BUILD
MITSUBISHI ISSHIKIRIKKO TYPE 11 modeled by Yoshitaka CHOTOKU

거대한 키트를 단숨에 척척 조립해보자!!

전장이 약 41.6cm나 되는, 걸작기 시리즈 중에서도 큰 볼륨의 키트 중 하나인 「미츠비시 일식 육상 공격기 11형」. 앞 페이지에서도 설명한 것처럼 부품 구성이 심플해서 척척 모양이 잡혀나갑니다. 지금까지 소개한 것들을 잘 처리해나가면 간단히 완성할 수 있을 것입니다. 바로 그 제작 과정을 보겠습니다.

POINT.02
피규어 도색

▲본체 내부에는 의자와 바닥판 부품이 들어간다. ±모양으로 만들려면 먼저 이 부품을 도색해야 한다.

POINT.01
기체 내부 도색

◀엔진과 피규어 등도 기체 안에 들어가는 부품입니다. 조립하기 전에 쓱싹 도색하자.

POINT.04
본체의 도색 순서

◀밑면 도색과 윗면의 위장 도색시에 포인트가 되는 부분을 소개한다

POINT.03
클리어 부품과 기체의 마스킹

▲일식 육공은 창틀이 상당히 많다. 이 부분의 마스킹 순서를 소개.

POINT.01 기체 내부 도색

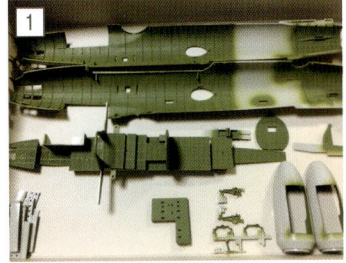

1 도색에는 지장이 없을 수준으로 조립해보고, 작은 부품은 런너에 달린 채로 칠한다.
2 첫 번째 색을 칠한 뒤에 뒤쪽을 도색하고, 조립해서 블록화했다. 다 조립하고 무광 클리어를 뿌려서 광택을 조절.
3 계기류도 그럴듯하게 도색. 페달과 바닥에는 드라이 브러싱으로 벗겨진 표현을 추가.

4 도색이 끝나면 전체에 Mr. 웨더링 컬러 멀티 블랙으로 먹선을 넣고 마른 뒤에 필요 없는 부분을 닦아낸다. 그리고 바닥에 은색으로 드라이 브러싱을 추가.

5 기체 내부 부품을 조립. 먼저 한쪽에 접착하는데, 틀어진 채로 접착해버릴 위험이 있으니 가조립 정도로 해두고 기체 좌우를 조립할 때 확실하게 접착한다.

POINT.02 피규어와 엔진 도색

1 파일럿 피규어 도색. 밑색으로 검정을 깔고 얼굴은 발색을 위해 먼저 에어브러시로 도색. 나머지는 붓으로 칠해줬다.

2 도색이 끝나면 전체에 Mr. 웨더링 컬러 그라운드 브라운을 칠하고, 반쯤 말랐을 때 희석액을 적신 티슈로 닦아준다.

3 조립 순서를 생각해서 먼저 엔진을 도색한다. 밑난 선체를 부광 섬성에 은색을 섞어서 만든 메탈릭 그레이로 도색.

4 다음으로 실린더 헤드의 은색을 붓으로 칠해준다. 이 때 은색으로 느라이 브러싱노 해서 볼느들 강조하고 질감 차이를 추가.

HOW TO BUILD

POINT.03 클리어 부품과 기체 마스킹

1 - 3 캐노피와 다른 부품을 맞춰보기 위해 마스킹 테이프로 가조립하고 체크. 캐노피 부품은 접착하기 전에 미리 눈부심 방지 도장 부분을 도색해 둘 필요가 있으니, 접착한 클리어 부품과 콕피트 부분을 먼저 마스킹한다. 함선 모형을 만들어서 마스킹에 익숙하다고 생각했는데, 창이 이렇게 많으니 마스킹만 해도 큰일… 아무튼 잘게 자른 마스킹 테이프를 붙여서 확실하게 마스킹해주자.

4 - 6 눈부심 방지 도장용 검은색을 칠하고 캐노피 부품을 접착. 여기서 또 캐노피 마스킹…. 이 때 기어 격납고도 마스킹해준다. 자, 드디어 본격적인 도색 작업에 돌입! 먼저 기체 전체에 밑색으로 가이아노츠의 서페이서 에보 블랙을 균일하게 칠해준다.

7 검은 서페이서가 다 마르면 검은색을 남길 눈부심 방지 도장 부분과 카울링 일부를 마스킹. 나중에 색을 덧칠할 때 도료가 스미지 않도록 확실하게 해주자.

8 기체 밑면 색으로 Mr. 컬러 No.35 명회백색(미츠비시계)을 도색. 밑색 검은 서페이서를 살려서, 색이 너무 균일하고 밋밋해지지 않도록 패널별로 밀도를 바꿔가며 칠해준다.

9 밑면 색 마스킹. 밑면 색과 위장의 경계선은 은근히 확실한 느낌이지만, 직선이 아니고 부분적으로 물결 모양이라서, 일단 경계를 폭 1mm의 가는 마스킹 테이프로 마스킹해서 무늬를 만들었다. 엔진 카울링 등도 마찬가지로 아웃라인을 마스킹하고 나머지를 덮어줬다.

POINT.04 본체 도색 순서

1 - 3 본체 도색 먼저. 위장색 첫 번째 색으로 Mr.컬러 No.124 암록색(미츠비시계)을 칠해준다. 나중에 갈색으로 칠할 부분을 잘 남겨두면 전체를 도색하는 것보다는 수고가 줄지만, 반대로 나중에 암록색 부분을 칠하지 않은 곳이 판명되면 두 번 고생하게 되니, 익숙하지 않을 때는 전면 도색을 추천한다. 암록색도 조금 전의 밑면 색과 마찬가지로 밑색을 살려서 어느 정도 음영을 남기며, 패널별로 도색을 진행한다.

4 - 6 위장 무늬를 정할 때는 샤프 등으로 윤곽을 그려두고, 처음에는 가늘게 뿌려서 윤곽을 잡아준 뒤에 안쪽을 칠해주면 무늬를 안정적으로 그릴 수 있다. 위장 두 번째 색인 갈색을 칠한 뒤에, 각 색에 라이트 그레이계 색을 섞어서 희끄무레해진 색을 두 세 번 덧칠해서 기체 전체에 퇴색된 느낌을 추가. 데칼을 붙이고 말린 뒤에 일단 클리어 코팅을 하고, 기체 전체의 몰드에 검정색으로 먹선을 넣었다.

7 - 10 여분의 먹선 얼룩을 닦아낸 뒤에 퇴색 표현을 추가. 암록색, 검은색에는 Mr. 웨더링 컬러 멀티 그레이를, 갈색에는 샌디 워시를 사용. 병 그대로가 아니라 용제로 희석한 것을 붓으로 칠하고, 패널 중앙부를 중심으로 톡톡 얹어준다. 마지막에 은색으로 벗겨진 도색을 추가. 전쟁 전기의 기체라는 설정으로, 특정 부분에만 표현해줬다. 몰드의 에지 부분은 뾰족하게 자른 이쑤시개로, 면에는 붓을 써서 은색을 얹어줬다.

이번 작례의 포인트 정리

- 작은 부품은 런너에 달린 상태로 도색해서 부품 파손과 분실을 방지.
- 클리어 부품 마스킹은 꼼꼼하게.
- 효율 좋은 위장 도색 순서를 생각하며 칠하자.
- 먹선과 웨더링으로 위장 도색을 더욱 돋보이게 해주자.

MITSUBISHI ISSHIKIRIKKO TYPE 11

큰 볼륨의 키트를 완성하는 달성감!
미츠비시 일식 육상 공격기 11형 완성!!

제작 / 쵸토쿠 요시타카

큰 모형 만들기에 도전하고자 할 때, 때로는 용기가 좀 필요하실지도 모르겠습니다. 내가 정말 완성할 수 있을까… 완성 이전에 조립이라도 다 할 수 있을까… 하는 마음이 생기니까요. 하지만 이 타미야 일식 육공은 구성적으로 기체의 특징을 잘 살렸고, 적은 부품 숫자로 기체의 형태를 충분히 재현했습니다. 이것만으로도 이미 난이도가 많이 낮아졌다고 생각합니다. 베리에이션인 「일식 육상 공격기 11형 야마모토 이소로쿠 탑승기」는 도색된 캐노피 부품도 들어 있으니 이쪽도 추천합니다. 꼭 이 기사를 참고해서 커다란 비행기 모형에 도전해보세요.

① 꼼꼼한 위장 도색과 분위기를 살리는 웨더링 덕분에 박력이 더 늘어났다.
② 91식 어뢰 1발을 장착. 박력 넘치는 박스아트 일러스트에도 그려져 있으니 한 번 꼭 탑재해보자.
③ 각 부분에 은색으로 벗겨진 부분을 표현했다.

KIT REVIEW

1/48 SCALE NORTH AMERICAN P-51D MUSTANG 8th AF
노스 아메리칸 P-51D 머스탱

아주 심플한 부품 구성으로 순식간에 조립되는 아름다운 머스탱

제2차 세계대전 최우수 전투기로 유명한 P-51D 머스탱. 현행 1/48 키트가 발매된 것은 1995년이다. 이미 20년이 넘은 제품인데, 그 특징은 한 마디로 요약할 수 있다.「심플하다」부품 숫자가 압도적으로 적고 조립 편의도 좋다. 머스탱의 아름다운 유선형 기체를 어렵지 않게 즐겨보고 싶을 때 최고로 알맞은 키트이다.

text / 시게루

●2,700엔, 발매 중 ●전장 약 20.5cm

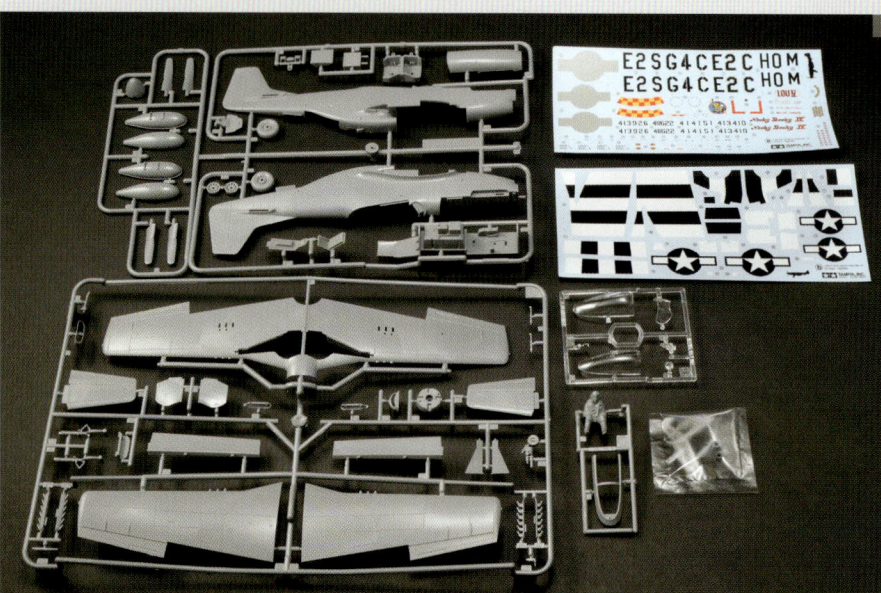

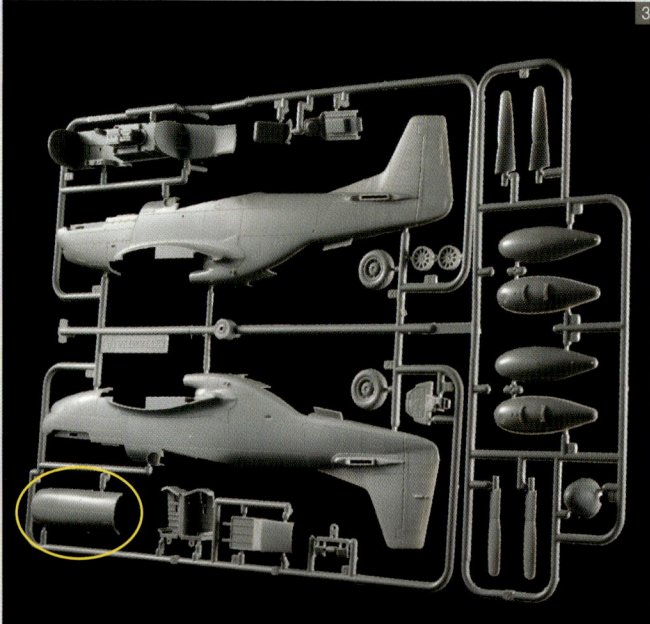

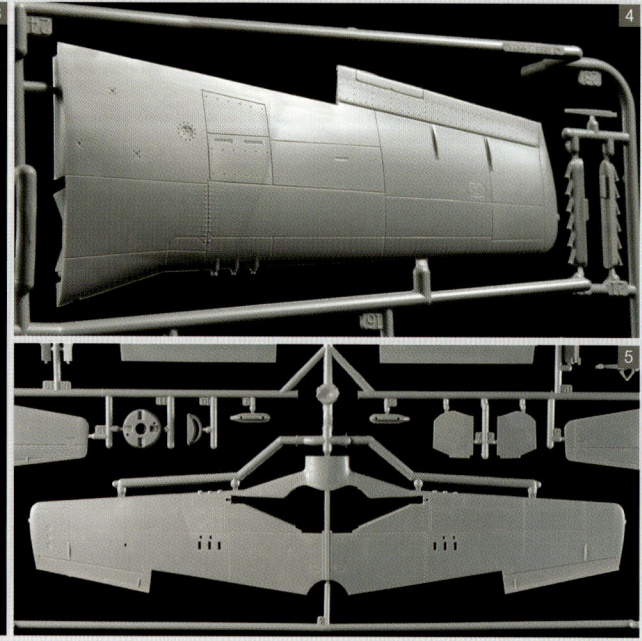

① 기체 주요 부품이 2장의 런너에 거의 응축돼 있다. 보다시피 부품 구성이 상당히 심플해서, 동체 좌우를 조립하고 주날개와 꼬리날개만 붙이면 바로 모양이 나오는… 작업 공정을 런너만 봐도 쉽게 상상할 수 있다. 동체와 관련된 부품과 주날개와 관련된 부품이 모여 있는 것도, 공작을 편하게 진행하기 위한 배려다.
② 탑승 상태의 파일럿 피규어도 포함. 한눈에 봐도 유럽 전선 부대다운, 두툼한 옷을 입은 모습이 모델러를 흥분시킨다. 산소마스크 호스 등, 각 부분의 입체감에도 주목하자.
③ 좌우 대칭에 가까운 런너의 부품 배치가 아름답다. 주목할 부분은 왼쪽 아래의 기수 윗면 부품. 이 부품이 별도 부품이라서, 기수 부분의 접합선을 처리하는 공정이 필요 없어졌다. 작지만 고마운 배려.
④ 주날개 윗면 등, 각 부분의 몰드는 선명한 라인으로 조각되었다. 플랩은 별도 부품이라서 아래로 내린 상태로 조립할 수도 있다.
⑤ 주날개 밑면은 큰 한 개의 부품으로, 기총 탄피 배출구가 뚫려 있는 것도 고집한 포인트다.

1/48 SCALE NORTH AMERICAN P-51D MUSTANG 8th AF

6 조립된 상태를 보면 탄탄한 기수에서 꼬리날개까지 꽉 조여진 날렵한 라인을 멋지게 재현했다는 걸 알 수 있다. 상당히 심플한 구성인데도 이렇게까지 만족스런 머스탱이 완성된다는 점이 역시 타미야답다.

7 각진 주날개 형상 등도 멋지게 재현. 여기서는 플랩을 내린 상태로 조립했다.

8 상당히 고맙게 느껴지는 부분이 바로 캐노피 아래쪽 창틀이 별도 부품으로 되어 있다는 점. 창틀을 먼저 도색하고 접착하면 귀찮은 마스킹 작업에서 해방된다.

9 캐노피는 당연히 열린 상태로도 조립이 가능. 부품도 잘 맞는다.

10 동체 밑면의 라디에이터는 부품을 조금 가공해서 개폐 양쪽을 선택 조립 가능.

11 콕피트에서 라디에이터 뒤쪽까지는 바닥 부품을 통해서 연결되고, 이것을 동체 부품 사이에 끼우는 구조. 기체 내부 구조에 다른 구조인 동시에, 조립한 뒤의 강도 확보에도 도움이 된다.

12 콕피트를 동체 부품에 배치한 상태. 내부를 재현한 키트는 아니지만, 보고있으면 라디에이터와 엔진, 콕피트의 위치 관계가 짐작이 간다.

KIT REVIEW

1/48 SCALE REPUBLIC P-47D THUNDERBOLT "BUBBLETOP"
리퍼블릭 P-47D 썬더볼트 "버블탑"

중량감 넘치는 동체에 전율하라! 박력 넘치는 썬더볼트의 위용!

대전 중에 등장한 단좌 단발기 중에서 가장 거대한 부류에 속하는 P-47 썬더볼트. 1/48도 상당히 크기 때문에 조립한 뒤의 박력이 엄청나다. 키트에는 거대한 동체와 주날개를 지탱하기 위한 아이디어가 곳곳에 들어가 있어서, 키트의 구조 자체도 상당히 흥미롭다. 또한 버블탑 캐노피 탑재기 외에 레이저백이나 대전 말기에 등장한 M형 키트도 발매되어 있다.

text / 시게루

● 3,240엔, 발매 중 ● 전장 약 23cm

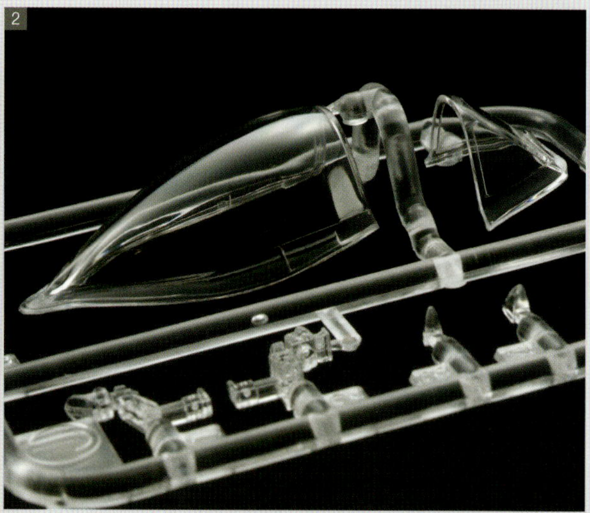

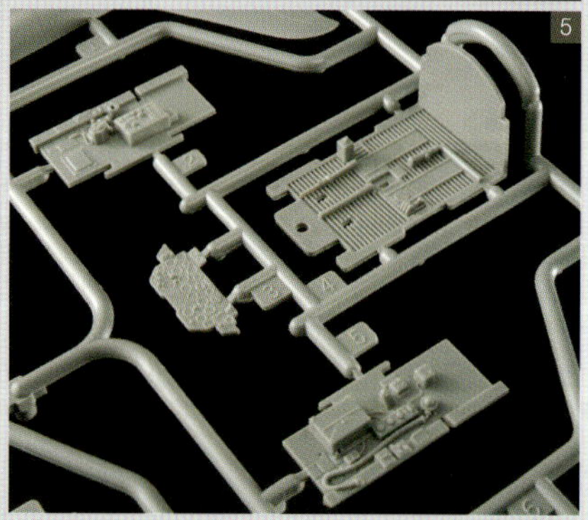

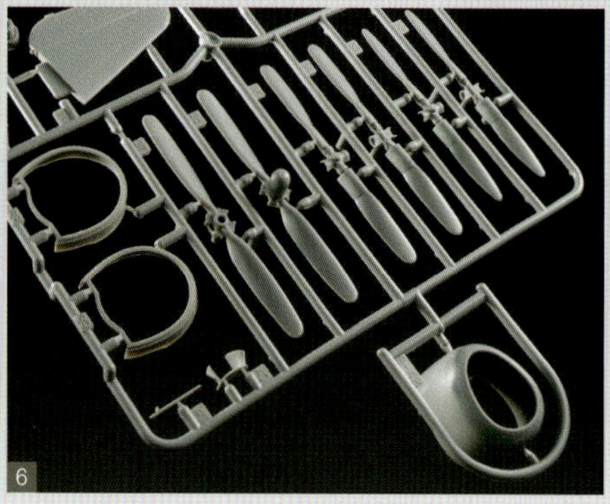

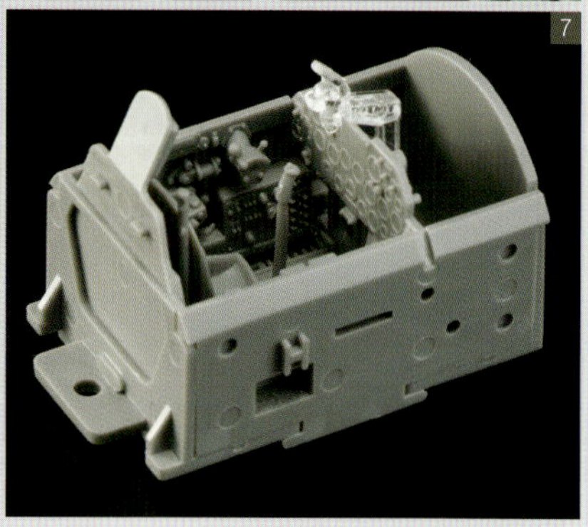

1 동체 내부에 동체를 안쪽에서 지탱하고 주날개도 달아주는 지지대가 끼워지는 구조. 굵고 거대한 기체를 지탱하기 위한 가장 큰 포인트가 바로 이 부품이다.

2 키트 이름에도 있는 것처럼 버블탑 타입 캐노피 포함. 불룩한 형상은 물론이고, 클리어 부품의 투명도도 아주 좋다.

3 반해버릴 만큼 대조적으로 배치된 주날개 주변 부품들. 기총구 부분이 별도 부품인 것도 고마운 배려.

4 거대한 동체 부품. 꼬리날개 부분은 따로 조립하게 되어 있는데, 이것은 레이저백 등 베리에이션 키트 발매를 고려했기 때문이다.

5 콕피트는 바닥면과 좌우, 전방 계기판을 조합해서 상자 모양 구조를 만드는 형식. 물론 4개의 면이 어긋나는 곳 없이 깔끔하게 맞물린다.

6 프로펠러는 다른 모양으로 2종류가 포함. 2장씩 구분된 부품을 조합해서 프로펠러 하나를 조립하는 방식이다.

1/48 SCALE REPUBLIC P-47D THUNDERBOLT "BUBBLETOP"

7 조립한 콕피트 부품. 측면 레버 등의 완성도가 대단하다.
8 조립해보면 중량감 넘치는 썬더볼트의 기체를 잘 포착한 작품이라는 것을 실감할 수 있다. 콕피트에 들어가 있는 피규어와 비교해보면 얼마나 거대한지 알 수 있을 것이다. 또한 동체와 비교해서 의외로 작은 주날개와 세로로 긴 타원형 엔진 개구부 등, 세세한 부분에도 볼것이 많다.
9 별도 부품인 수직 꼬리날개 주변도 위화감 없이 잘 맞는다. 또한 조종익면 부분의 몰드가 훨씬 깊은 것도 모델러를 기쁘게 하는 연출.
10 주날개 플랩은 내린 상태와 올린 상태 중에서 선택 가능. 이 작례에서는 내린 상태로 조립했다.
11 대형 기체인데다 풍부한 옵션 부품이 들어 있어서 부품 숫자가 약간 많다. 하지만 부품이 부위별로 정리돼 있어서 조립할 때 혼란스러울 일은 없을 것이다.
12 크기가 다른 세 가지 연료 탱크와 로켓탄 런처, 500파운드 폭탄 등도 들어 있다. 썬더볼트는 전투폭격기로 사용한 기체다보니, 무장을 가득 실은 상태로 만들 수 있는 것은 큰 매력 포인트다.

HOW TO BUILD
NORTH AMERICAN P-51B MUSTANG modeled by Enjyaku HARUZONO

폭격기의 장거리 호위기로 활약한 무훈기를 제2차 세계대전 후기의 은색으로 칠해보자

P.82~83에서 소개한 P-51D의 베리에이션 키트로 발매된 P-51B. 긴 항속거리를 살려서 연합군 폭격기의 장거리 호위로 대활약한 무훈기로서 빼놓을 수 없는 존재입니다. 이번에는 이 키트를 대전 후기의 은색에 흑백 인베이전 스트라이프가 들어간 모습으로 만들었습니다. 키트 제작 외에 각 메이커 은색 도료의 비교와, 은색으로 도색할 때의 데칼 코팅에 대한 고찰도 함께 소개합니다.

POINT.01
주요 도료의 은색을 알아보자
일본 주류 메이커의 은색 래커 도료에 대해 알아보자. 그 중에서 P-51B에 어울리는 것을 고찰한다.

POINT.02
데칼 코팅에 대해
은색 도색 때는 데칼의 여백 등이 의외로 눈에 띈다. 이것을 잘 가릴 수 있는 코팅은 어떤 것인지 검증해보자.

POINT.03
각 부분의 공작과 마감
P-51B 키트의 장점을 더욱 잘 살리기 위한 각종 공작의 핵심 포인트를 소개한다.

POINT.01 주요 도료의 은색을 알아보자

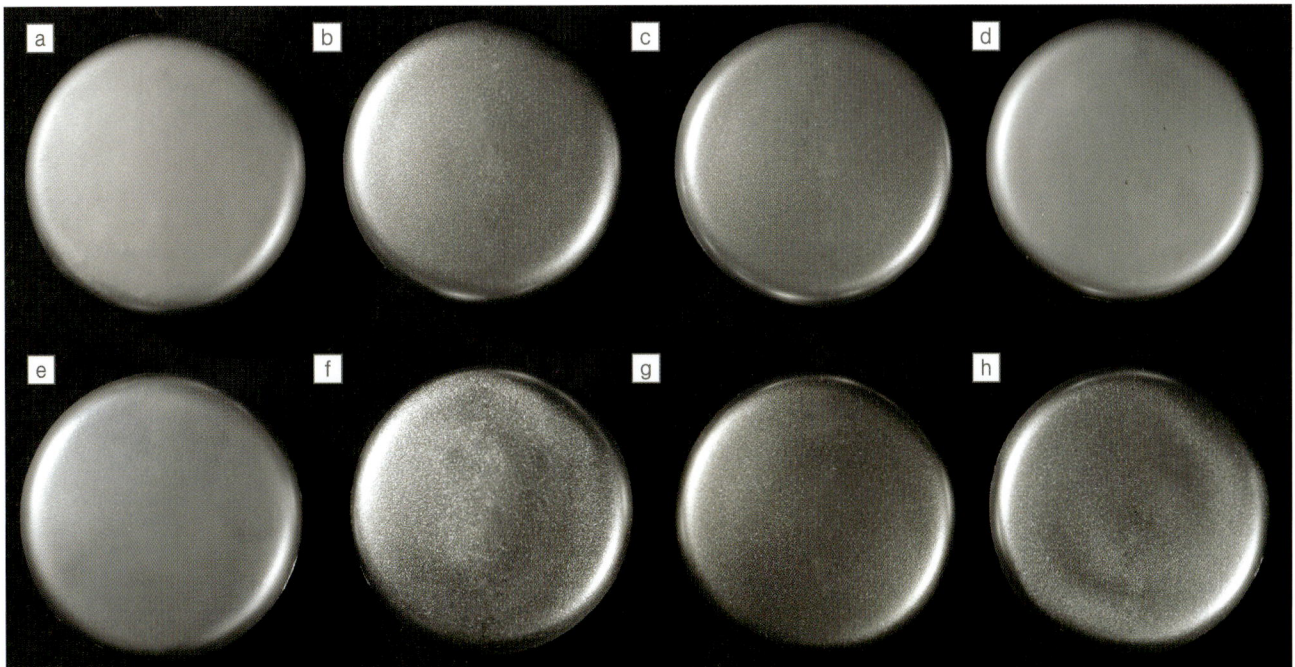

▲도색과 무도색, 2종류의 은색에 대해 생각해보자. 현재 각 회사에서 도금 계열 도료가 발매되고 있지만, 1/48 정도면 좀 더 금속 느낌을 줄이는 쪽이 스케일 상 좋을 것 같다. 가격 면에서도 부담이 적은 각 회사의 기본 라인업 은색을 비교하고, 그 중에서 2종류의 은색을 선택해보자.

ⓐ Mr.컬러 C8 실버
ⓑ Mr.컬러 C159 슈퍼 실버
ⓒ Mr.메탈릭 컬러GX GX213 화이트 실버
ⓓ 타미야 컬러 LP-11 실버
ⓔ 가이아 컬러 009 브라이트 실버
ⓕ 가이아 컬러 121 스타 브라이트 실버
ⓖ 가이아 컬러 123 스타 브라이트 듀랄루민
ⓗ 가이아 컬러 Ex-07 Ex-실버

은색 비교
text / 하루조노 엔자쿠

이번에 비교한 것은 Mr.컬러에서 실버, 슈퍼 실버, GX 화이트 실버 3종, 가이아 컬러에서 브라이트 실버, 스타 브라이트 실버, 스타 브라이트 듀랄루민, Ex-실버 4종, 그리고 타미야 래커 도료 실버까지 8종.

각사의 기본색에 해당되는 Mr.컬러의 실버, 가이아의 브라이트 실버, 타미야 래커의 실버는 전부 비슷하게 표현되고, 비교적 흐릿한 느낌의 회색조 질감이 나옵니다. 자동차 차체에 사용하는 은색 같은 인상이라고 하면 알기 쉬울까요. 스타 브라이트 실버는 이것들 중에서 가장 입자가 크고 반짝임 같은 질감이며 빛나기는 하지만 금속의 느낌과는 다릅니다. GX 화이트 실버, 스타 브라이트 듀랄루민, Ex-실버는 전부 입자가 곱고 금속 느낌이 강하게 납니다. 화이트 실버가 그 이름대로 밝은 편이고, 스타 브라이트 듀랄루민은 약간 금색 느낌, 슈퍼 실버와 Ex-실버가 무난한 은색이지만 Ex쪽이 보다 금속 같은 인상입니다. 이번에는 무도장 은색에 Ex-실버, 도색부 은색에 타미야 실버를 사용했습니다.

도료에 따라서는 밑색의 영향을 받는 은색이지만, 흰색 바탕과 검정 바탕에 뿌려서 시험해본 결과 이번에 채용한 두 종류는 차이가 없어서 밑색은 따로 칠하지 않았습니다. 참고로 비교적 밑색의 영향이 강한 것은 슈퍼 실버였습니다.

POINT.02 데칼 코팅에 대해

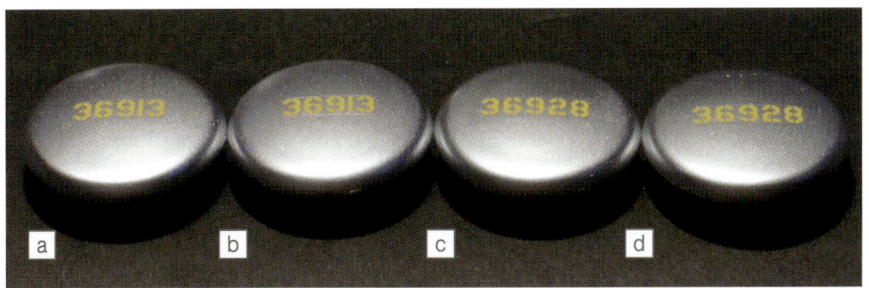

▲ⓐ와 ⓑ는 은색을 칠한 상태에 데칼을 붙이고 래커계와 아크리존의 클리어로 코팅. ⓒ와 ⓓ는 은색을 칠한 뒤에 래커계 클리어와 아크리존의 클리어로 도막을 코팅한 뒤에 데칼을 붙였고, 그 위에 래커계 클리어로 코팅.

ⓐ 데칼→래커계 클리어
ⓑ 데칼→아크리존 클리어
ⓒ 래커계 클리어→데칼→래커계 클리어
ⓓ 아크리존 클리어→데칼→래커계 클리어

데칼 코트
text / 하루조노 엔자쿠

전에 은색 도장 기체를 만들어봤는데, 데칼을 붙이고 클리어 코팅을 했더니 데칼을 제외한 은색 부분이 약간 녹아서 입자가 들뜨고, 데칼을 붙인 부분과 색조가 달라져버렸습니다. 그래서 이번에는 은색 위에 래커계의 영향을 받지 않는 아크리존의 클리어를 뿌리고, 그 위에 데칼→래커계 클리어 순서로 마감해봤습니다.

래커 은색→데칼→아크리존도 좋습니다만, 시험해보니 데칼 위에 뿌렸을 때 래커계는 풀을 약간 녹이는 건지, 아크리존을 '위'에 뿌렸을 때보다 데칼 가장가리가 두드러져서 이 순서로 정했습니다.

HOW TO BUILD

POINT.03 각 부분의 공작과 마감

1. 키트에는 파일럿 피규어가 포함돼 있다. 성형 관계상 턱이 조금 늘어진 느낌이라서, 깎아서 날렵한 얼굴로 수정.

2. 조준기는 설명서에서는 N-2A라고 적혀 있지만, B/C형은 N-3 조준기가 일반적. 이번에 제작하는 설명서의 C패턴 컬러링인 「보니 비」에서는 특정할 수 있는 사진이 없었지만, N-3으로 추정하고 프라판으로 자작했다.

3. 기체 내부는 Mr.컬러의 특색 세트 「WWⅡ 미육해군기/영국 공군기 인테리어 도장색」의 351번과 저면 그레이로 도색.

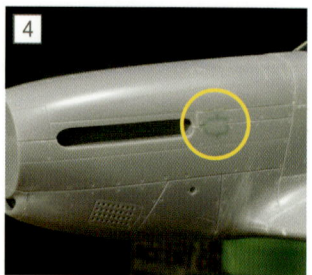

4. 좌현 배기관 뒤에 작은 패널 몰드가 있는데, 이것은 없는 기체가 많고 「보니 비」에도 없으니 퍼티로 메웠다.

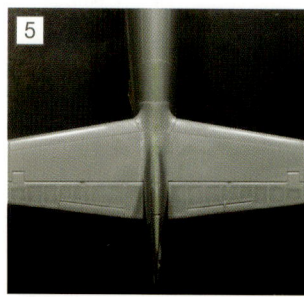

5. 방향타 끝은 눈에 띄니까 접착면을 갈아서 얇게 해주고, 미등은 클리어 런너를 깎아서 새로 만들었다.

6. 캐노피는 가조립을 해보고 틈새가 없도록 잘 맞춰주자.

7. 캐노피는 마스킹 한 뒤에 프레임 안쪽 색을 도색. 「WWⅡ 미육해군기/영국 공군기 인테리어 도장색」 세트 351번을 사용. 이 위에 은색을 칠하면 OK.

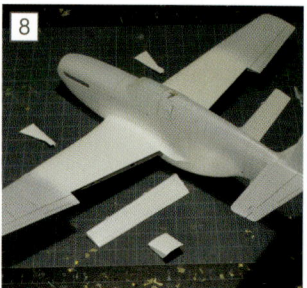

8. 먼저 스트라이프의 흰색을 뿌린다. 밑면에도 칠해준다. 플랩과 메인 기어 커버도 칠하기 쉽게 분리한 상태로 칠한다.

역사적 사실의 이미지를 떠올리며 칠해보자

P-51B는 장거리 호위에서 활약했다. 그 시절의 도색은 올리브 드랍 단색이었다. 1944년에 연합군이 우세해지자 위장을 그만두고 널리 알려진 은색에 흑백 인베이전 스프라이트 무늬가 들어간 화려한 모습이 된다. 노르망디 상륙작전 무렵에는 동체와 주날개 위아래에 줄이 들어가 있었는데, 작전이 일단락됐을 즈음부터 윗면은 지우고 밑면에만 줄무늬가 들어갔다. 「보니 비」의 사진을 찾아보니 밑면에만 줄무늬가 들어간 사진만 남아 있다. 그래서 작례에서는 키트 설명서의 지시 사항을 어레인지해서 밑면 스트라이프 사양으로 만들었다. 그 과정을 도색으로 즐겨보자.

9. 다음으로 흰색을 남길 부분을 마스킹하고 검은색을. 플랩과 메인 기어 커버는 줄무늬 위치에 잘 맞춰서 가조립하고 마스킹하자.

10. 줄무늬 부분을 마스킹하고 은색을 뿌린다.

11. 은색이 마르면 마스킹 테이프를 벗긴다. 깔끔한 줄무늬가 됐지만….

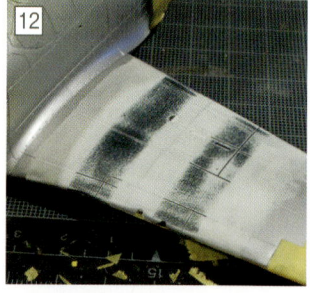

12. 이 줄무늬를 역사에서처럼 윗면만 사포를 이용해서 도료를 긁어낸다.

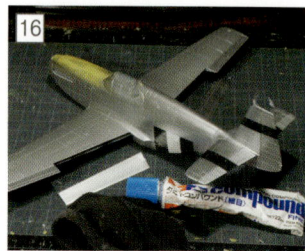

13~15. 그리고 그 위에 은색을 칠했다. P-51의 주날개는 공기저항 경감을 위해서 주날개 앞쪽의 리벳과 패널라인을 퍼티로 메웠다. 퍼티로 메웠으니 은색 기체도 무도장은 아니다. 따라서 실제 P-51은 주날개와 천을 입힌 조종익면은 도색에 의한 은색, 동체와 보조날개, 플랩은 금속색 그대로의 무도장 은색, 이렇게 두 종류의 은색이 섞여 있었다.

줄무늬와 날개의 은색을 보호하기 위해 마스킹. 기수의 눈부심 방지 도색도 해준다.

16. 눈부심 방지 도색 부분은 무광이라서, 이후의 클리어 공정 등에서 괜히 광택이 나지 않도록 마스킹해준다. 또한 타미야의 컴파운드 고운눈(FINE)으로으로 연마해서 은색 도색을 더 반짝이게 하고 줄무늬 도색의 단차도 줄여줬다.

POINT.03 데칼 붙이기

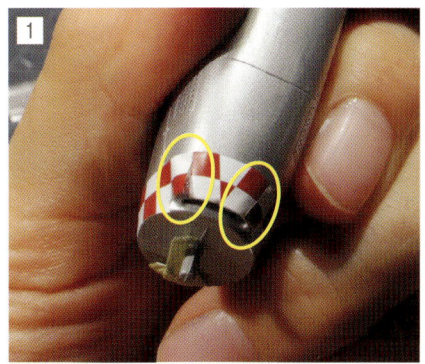

1 기수의 체크무늬를 데칼로 재현. 냉각액 탱크의 부푼 부분에 데칼을 밀착시키기 위해서 칼집 등을 넣어주면 좋다.

2 데칼을 붙일 때 이렇게 찢어지는 건 흔히 있는 일. 당황하지 말고 수정하자.

3 이 체크무늬는 Mr.컬러 81 팥색이 비슷했다. 이것으로 찢어진 부분을 붓으로 칠해서 수정하자.

4 스피너의 띠. 연화제를 사용해도 길이가 2mm 정도 부족했다….

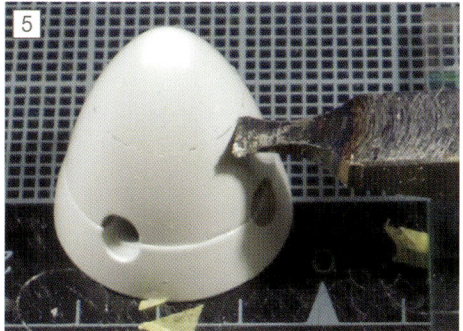

5 그래서 이 부분을 조금 전의 팥색으로 칠하기로 했다. 데칼을 참조해서 Mr.헐 몰드 치즐(MR.HULL MOLD CHISEL)로 몰드를 새겼다. 대상 부품과 Mr.헐 몰드 치즐을 평평한 곳에 두고, 끝을 옆으로 움직여서 끝부분의 날로 몰드를 새긴다.

6 몰드를 기준으로 마스킹.

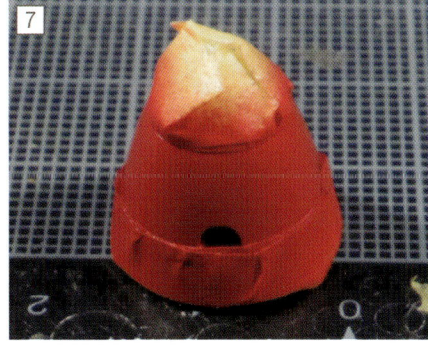

7 팥색을 뿌린다. 마르면 마스킹 테이프를 벗긴다. 몰드의 가장자리 부분은 먹선을 넣으면 보이지 않으니 문제없다.

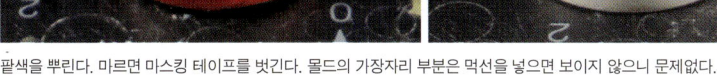

8

9 가이아 노츠의 피니시 마스터는 데칼의 남는 수분을 빨아들이면서 밀착시키는데 편리. 잘 눌러줄 수 있고, 어긋나는 일도 적다.

10 구조상 힘이 실리기 쉬운 건지, 도색면을 연마하고 데칼을 압착하다보면 캐노피 후방의 접합선이 빈번하게 벌어졌다. 앞으로 조립할 분들은 안쪽을 퍼티나 플라스틱 자재 등으로 보강할 것을 권한다.

11 접합선을 처리할 때는 데칼 등에 흠집이 나지 않게. 여기서는 데칼 등을 보호하기 위해 하트론지를 사용했다.

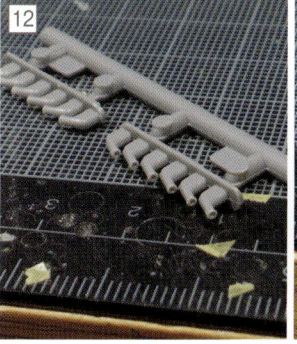

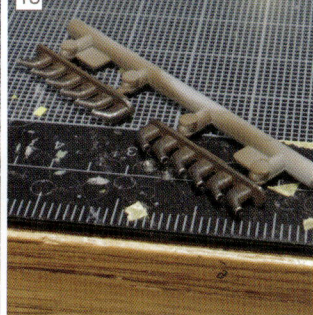

12·13 키트에서는 배기관 부품에 위쪽 커버가 있는 A24, 25를 사용하라고 했지만, 「보니 비」의 사진에는 커버가 없었기 때문에 A22, 23을 사용. 배기구를 핀바이스로 뚫어주고, 금속색과 녹이 슨 색으로 실감나게 마감했다.

NORTH AMERICAN P-51B MUSTANG

심플한 키트 구성과 아름다운 아웃라인을 즐길 수 있는 P-51 시리즈

제작 / 하루조노 엔자쿠

타미야의 P-51 시리즈는 키트 리뷰에서도 소개한 것처럼 부품 숫자가 상당히 적어서 금세 만들 수 있습니다. 부품 구성도 심플해서 이것저것 손을 댈 수 있는 점도 매력적입니다. 이번 작례처럼 은색 도색과 실제 기체의 포인트 부분을 개수해서 제작하는 스타일도 문제없이 받아들입니다. 여러 번 만들고 싶어지는 키트. 그것이 타미야의 P-51 시리즈입니다.

이번 작례의 포인트 정리

- 각 메이커에 다양한 은색 도료가 있다. 실제 기체의 이미지와 자신의 이미지에 맞는 도료를 찾아보는 것도 모형의 재미.
- 은색으로 도색하면 데칼의 여백이 눈에 띈다. 클리어 코팅으로 대처할 방법을 생각해보자.
- 줄무늬 도색 공정.
- 데칼이 찢어지거나 크기가 안 맞을 때는 도색으로 처리하는 것도 좋다.

HOW TO BUILD
REPUBLIC P-47D THUNDERBOLT "BUBBLETOP" modeled by YONKEI

POINT.02
데칼 작업
실버링 대책과 데칼 위에 마스킹 등의 다양한 테크닉을 소개.

박력 넘치는 썬더볼트를 아름다운 은색 도색과 데칼 작업으로 마무리하자!

앞선 머스탱에 이어 P-47 썬더볼트 "버블탑"을 아름다운 은색으로 칠합니다. 욘케이 씨의 은색 도색에 대한 고집과 독자적인 데칼 작업 방식을 중점적으로 소개. 특히 데칼 작업은 상당히 유니크한 방법이니 참고해보세요.

POINT.01
은색 도색을 아름답게 처리하기 위한 포인트
도색된 것을 보면서, 욘케이 씨가 어떤 부분에 신경 썼는지를 확인해보자.

HOW TO BUILD

POINT.01 은색 도색을 아름답게 처리하기 위한 포인트

①은도색에 흠집이 나지 않도록 손톱을 잘라 둔다.
②밑색의 수축 부분이나 흠집을 철저히 처리한다. 특히 부품의 두께가 급격히 변화하는 부분은 수축이 발생하기 쉬우니 주의하자.
③은색을 뿌리기 전에 밑색으로 검정색을 뿌려준다.
④몰드가 묻히지 않는 아슬아슬한 두께까지 은색 도막을 입혀준다. 은색은 얇으면 입자 사이로 밑색이 노출되기 때문에, 얼룩지고 금속 느낌이 살지 않는다.
⑤작업 중에 흠집이 나지 않도록 작업대 위에 부드러운 천이나 종이를 깔아준다.

은색 도색은 흠집이 나면 눈에 띈다. 흠집의 가능성을 최대한 줄이기 위해서 부드러운 천 등을 깔고 작업하자.

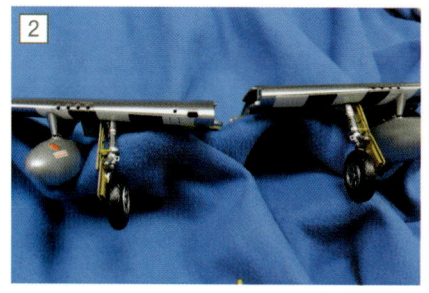

은색은 충분히, 확실히 뿌리는 것이 포인트. 밑색인 검정을 가리지 않으면 얼룩이 져서 금속 느낌이 살지 않는다. 몰드가 뭉개지기 직전까지 잘 뿌려주자.

부품 접합선이나 수축은 철저히 제거하자. 은색이 빛을 반사할 때 접합선이나 수축된 부분이 있으면 좋지 않은 의미로 남다른 존재감을 과시하게 된다. 사포로 꼼꼼하게 처리하고, 때로는 퍼티도 사용해서 흠집을 메우자.

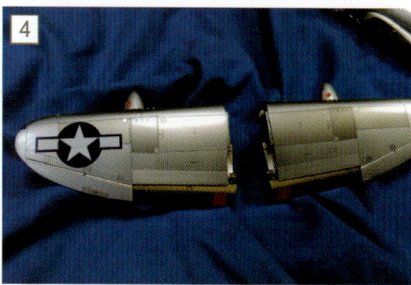

날개를 자세히 보면 수축을 처리한 깔끔한 모양과 은색의 질감을 잘 알 수 있다. 패널라인에서 따라 사용하는 은색을 바꿔서 변화를 줬다.

POINT.02 데칼 작업

엔진 카울의 데칼 처리

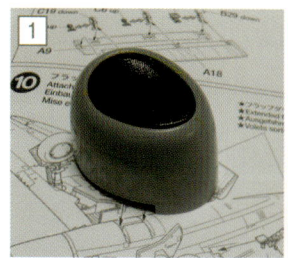

이 기체의 아이콘이라고 할 수 있는 엔진 카울의 체크무늬. 키트에는 데칼이 포함. 도색과 데칼을 사용해서 이 무늬를 재현한다. 먼저 카울 안쪽을 도색하고 전차 모형의 위장 마스킹 등에 사용하는 팬저 퍼티로 구멍을 막아주고 마스킹.

체크의 흰색 부분을 도색한다. 데칼의 흰색에 가까운 색으로 칠해주자. 데칼이 비치는 것을 막기 위한 작업. 도색이 마르면 이 시점에서 카울의 몰드에 먹선을 넣어주자.

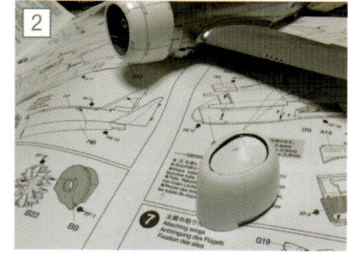

엔진 카울의 곡면 때문에 주름이 질 것 같은 데칼 끝의 흰색 부분을 제거. 또한 곡면에 잘 붙도록 데칼에 칼집도 넣어준다.

④ 아무리 위에서처럼 대비를 해도 주름이 발생할 수 있으니, 반쯤 마른 상태에서 데칼의 흰색 부분을 커터로 잘라서 데칼의 검정색 부분만 남긴다. 섬세한 작업이니까 안 되겠다 싶은 사람은 그대로 붙여도 된다.
⑤ 데칼을 붙인 상태. 잘 말려주자.
⑥ 데칼이 마르면 전체에 꼼꼼하게 클리어 코팅. 건조 부스에 넣어서 클리어층을 경화한다. 이걸로 체크무늬는 완성.

욘케이류 데칼 실버링 대책

①데칼을 붙일 면을 가능한 평평하게 만든다. 금속색의 경우에는 클리어로 코팅한다.
②데칼을 부드럽게 해주기 위해 평소보다 오랫동안 물에 담근다. 이번에는 1분 이상 담갔다.
③마크 세터와 타미야 아크릴 용제를 섞고 물로 희석해서 조합한 오리지널 마크 세터를 데칼을 붙일 면에 바르고, 그 위에 데칼을 얹어준다.
④오리지널 마크 세터가 마른 뒤에 데칼이 뜬 경우에는, 수채 붓펜 안에 타미야 아크릴 용재를 채운 것으로 다이렉트 어택!
⑤이래도 데칼이 뜬 경우에는 최종수단. 래커계 희석액을 에어브러시로 살짝, 데칼에 분사. 한동안 방치. 방치하는 동안 중력에 의해 데칼이 붙도록, 반드시 데칼면이 위쪽으로 가도록 놓아둔다.
⑥마지막으로 클리어를 뿌리고 클리어 래커에 의한 연화와 클리어 도료의 무게로 데칼이 붙기를 기다린다. 클리어를 뿌리면 표면의 강도가 높아지고 발색이 좋아지는 메리트도 있다.

데칼을 붙이는 면에「마크 세터+아크릴 용제+물」로 조합한 오리지널 마크 세터를 바르고 그 위에 데칼을 얹은 상태. 이대로 중력을 이용해서, 데칼면이 위로 가게 놓고 부품에 밀착되기를 기다린다.

이런 느낌으로, 데칼면이 위로 가도록 방치하면 중력에 의해 저절로 밀착된다. 데칼도 용제로 연화되어 있어서 면에 밀착하는 것이다. 괜히 면봉 같은 것으로 건드리지 말자.

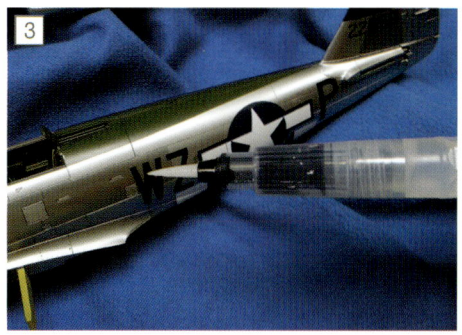
마크 세터가 마른 뒤에도 데칼이 떴다면, 아크릴 용제를 채운 수채 붓펜으로 데칼에 직접 용제를 바른다. 아크릴 용제는 파스텔 등의 정착에도 쓰니까, 그 접착력을 이용한다.

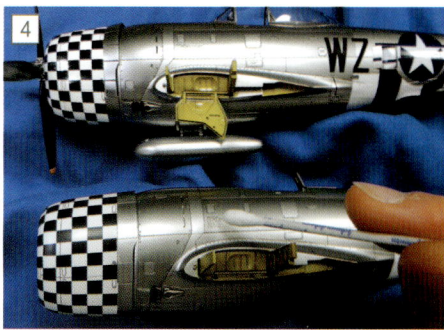
마크 세터가 마른 뒤에 표면에 남은 주름은 데칼이 마른 뒤에 물에 적신 면봉으로 꼼꼼히 문질러준다.

이런 볼록하게 되어 있는 부분은 데칼 작업하기가 골치아픈 부분이다. 세터로 부드럽게 해서 붙여주거나, 데칼에 칼집을 넣어서 붙여준 다음에 데칼로 커버하지 못한 부분을 같은 색 도료로 칠하는 등의 방법으로 대처하자.

오리지널 마크 세터와 수채 붓펜을 이용한 아크릴 용제 다이렉트 어택으로 딱 밀착된 데칼. 세부 디테일이 재현된 부분에까지 아주 확실히 밀착되었다.

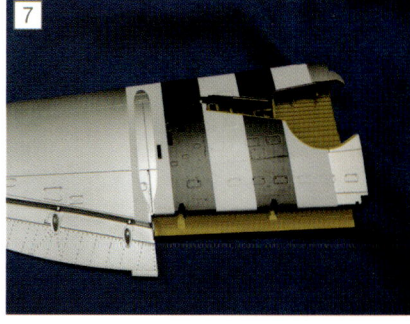
약간 적응이 필요한 방법이지만, 에어브러시로 래커계 희석액을 살짝 뿌려서 밀착시키는 방법도. 몰드에도 잘 들어갔다. 데칼 전체에 뿌리는 것이 아니라 데칼을 붙인 곳의 몰드와 디테일이 재현된 곳 위쪽에만 뿌려서 데칼을 밀착시키자.

데칼에 사용 가능한 마스킹 재료

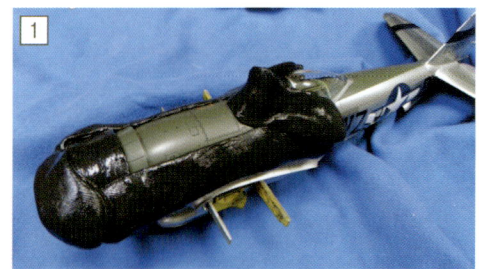
데칼을 붙이고 전체를 클리어 코팅하고 나면 눈부심 도색 부분에도 광택이 생긴다. 무광으로 처리했으면 싶지만, 아무리 코팅을 했다고 하더라도 데칼 위에 마스킹을 하는 것은 모델러라면 누구라도 두려움을 느낄 만한 일이다. 그럴 때는 바로 이 팬저 퍼티를 사용해보자. 이렇게 코팅한 상태라면 데칼 위에도 마스킹이 가능하다. 사진처럼 마스킹을 하고 눈부심 방지 도색 부분에 무광을 뿌렸다.

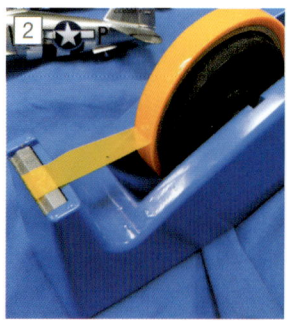

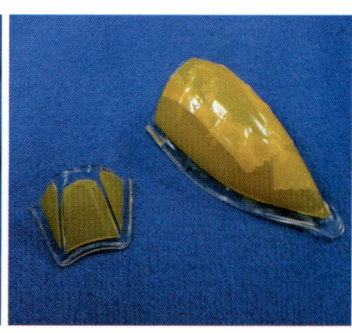
캐노피 마스킹에는 노란 스카치테이프를 추천한다. 종이 마스킹 테이프보다 곡면에 잘 붙고, 투명도도 높아서 프레임의 몰드를 확인하기 편하다. 부스러기가 생기지도 않아서 모서리 처리도 간단. 각 면에 붙이고 잘 잘리는 아트나이프로 잘라서 창 부분을 마스킹.

REPUBLIC P-47D THUNDERBOLT "BUBBLETOP"
잘 다듬고 도막까지 컨트롤했을 때 탄생하는 아름다운 광택

제작 / 욘케이

완성된 P-47D 썬더볼트. 아름다운 은색은 수축된 부분과 접합선을 꼼꼼히 다듬은 덕분입니다. 또한 이런 정교한 데칼 작업은 욘케이 씨이기에 가능한 것입니다만, 마크 세터를 이용한 컨트롤과 곡면에 데칼을 붙이는 법 등 데칼 작업을 할 때 참고가 될 만한 부분이 아주 많습니다.

1

이번 작례의 포인트 정리

- 은색의 밑색은 검정으로. 검은색을 충분히 덮을 정도로 뿌려 얼룩지지 않게 칠한다.
- 곡면에 데칼을 붙일 때는 칼집을 넣고 마크 세터 등을 사용해서 붙이는 등, 다양한 방법을 찾고 시도해보자.
- 마크 세터+아크릴 용제+물로 만든 오리지널 세터로 데칼을 더 강하게 밀착시킨다.

1 2 도색, 데칼 작업의 레벨이 상당히 높은 작례. 데칼이 각 부분의 디테일에도 잘 붙어서 훌륭한 일체감을 보여준다.
3 이번에는 파일럿을 태우지 않고 시트에 포함된 시트 벨트 데칼을 붙였다.
4 이쪽은 날개 도색 샘플. 수축이나 흠집이 거의 없고 표면이 상당히 아름답다. 밑색의 검정도 잘 가려져서 아름답게 반짝이는 은색이 됐다.
5 밑면의 줄무늬는 데칼 작업 실력을 보여주는 부분. 잘 처리하면 작례처럼 존재감 있는 모습이 된다.
6 7 위쪽은 데칼을 그냥 붙인 것, 아래쪽이 이번 데칼 작업에서 손본 것. 밀착도가 이렇게나 달라진다.

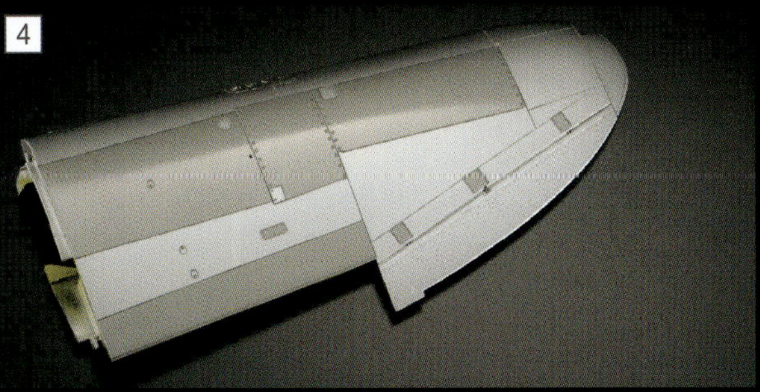

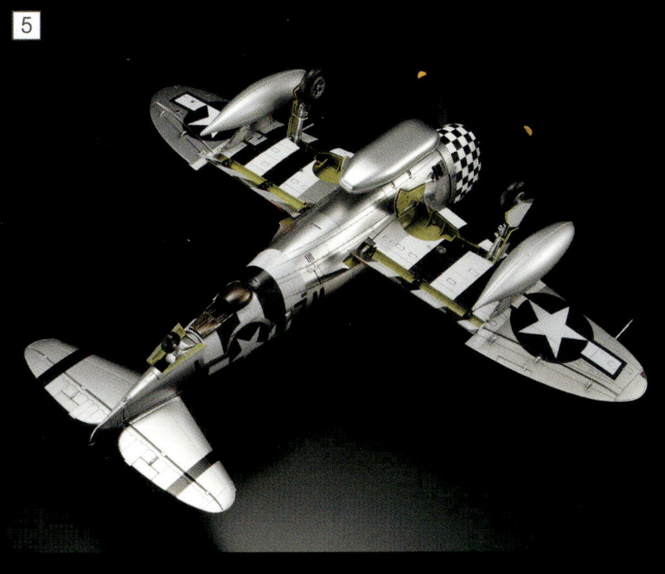

EXTRA EDITION

제2차 세계대전 당시에 등장했던 제트기도 만들어보자!

레시프로 시대와 제트를 연결한다

제2차 세계대전에서 활약한 레시프로기가 많이 라인업된 타미야 1/48 걸작기 시리즈. 그 중에는 제2차 세계대전 중에 개발된 제트 전투기도 있습니다. 아직 다듬어지지 않은 괴이한 모습의 제트 전투기는 한눈에 봐도 동 시기의 레시프로기와는 완전히 다르다는 것이 느껴지는 디자인입니다. 그래서 이번에는 번외편으로서 「메서슈미트 Me262 A-1a」와 「하인켈 He162 A-2 "샐러맨더"」를 제작해보겠습니다. 내용물에서 제작진의 상당한 의욕을 느낄 수 있으며 만들 때의 손맛도 좋습니다. 부디 같은 시기의 레시프로기와 함께 만들어 콜렉팅해보세요.

MESSERSCHMITT Me262 A-1a
modeled by YAS

HEINKEL He162 A-2 "SALAMANDER"
modeled by Fumitoshi TAN

KIT REVIEW

1/48 SCALE HEINKEL He162 A-2 "SALAMANDER"
하인켈 He162 A-2 "샐러맨더"

WWⅡ 말기에 등장한 독일 공군의 제트기, 최후의 실전 투입기

제2차 세계대전 말기, 1945년 3월 말이라는 아슬아슬한 타이밍에 실전 투입된 샐러맨더. 독일 공군 최후의 전투기다. 등에 제트엔진을 짊어지고 복잡한 곡면으로 구성된 모습을 정확하게 입체화. 2006년에 나온 그럭저럭 새로운 키트라서 조립하는 느낌도 안정적. 엔진도 재현돼 있는 등, 작은 크기 안에 서비스 정신이 가득 담긴 물건이다.

text / 시게루

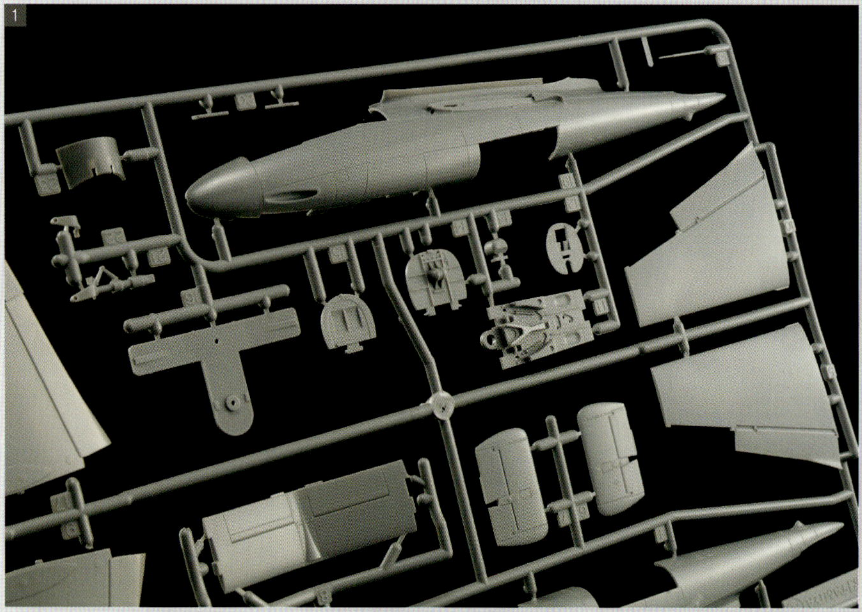

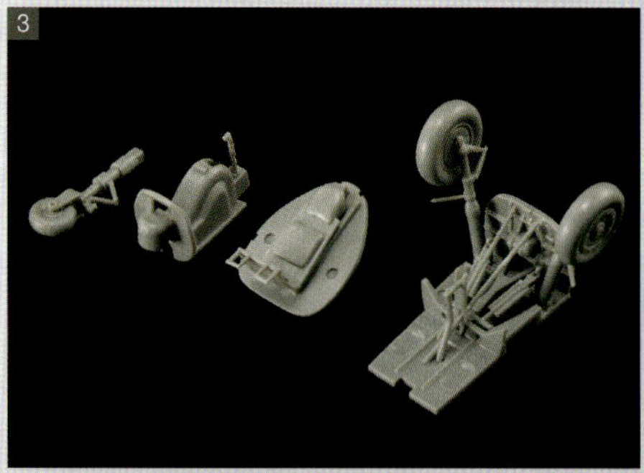

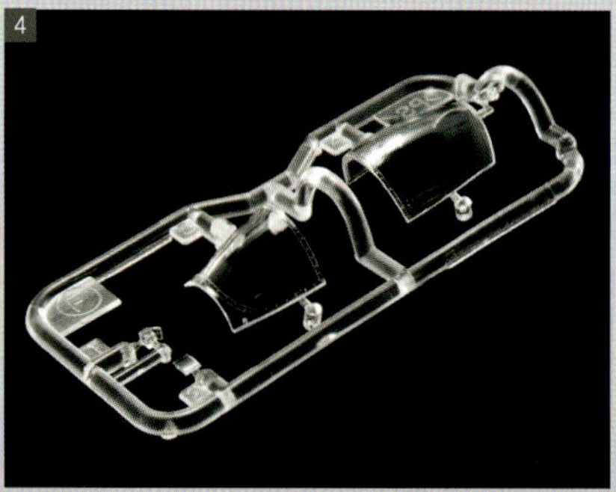

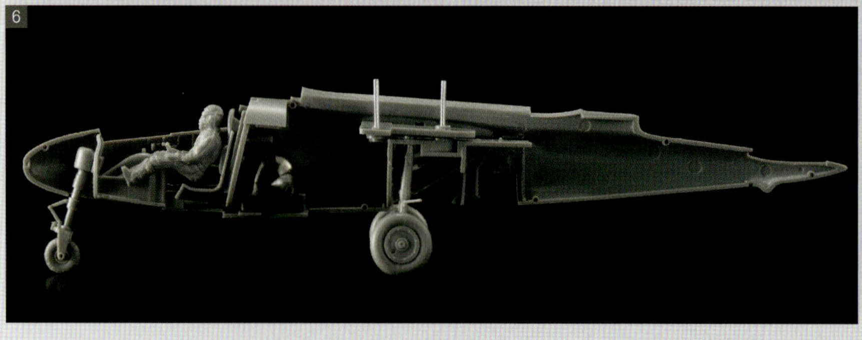

● 2,592엔, 발매 중 ● 약 20.5cm

① 방추형 동체와 좌우 일체인 수평 꼬리날개 등, 체계적으로 분할된 부품들. 최근 키트답게 몰드가 아주 샤프하다.
② 산소마스크를 착용한 파일럿 피규어. 마스크의 호스와 시트 벨트 등도 세밀하다. 부츠 위쪽의 벨트까지 몰드로 표현된 점에 주목.
③ 왼쪽부터 프론트 기어 지주, 프론트 기어 수납고 겸 콕피트 내부 부품, 시트, 메인 기어 수납고 부분. 수납고 내부와 시트 주변 등은 어느 정도 미리 만들어두고 동체에 달아주는 순서로.
④ 훌륭한 곡면으로 성형된 캐노피 부품. 따로 손보지 않아도 깔끔하게 붙일 수 있는 설계로. 투명도까지 높은 흠잡을 구석 없는 퀄리티.
⑤ BMW003 제트 엔진은 좌우 분할된 동체에 각 부품을 달아주도록 설계되었다.
⑥ 좌우를 닫기 전의 동체. 파일럿이 프론트 기어 수납고 위에 앉는 독특한 구조를 알 수 있다. 주목할 점은 콕피트 뒤에 있는 무게추. 이 키트에는 무게추로서 금속 구슬이 포함돼 있고, 이것을 달아주면 기체가 뒤로 넘어지지 않게 된다.

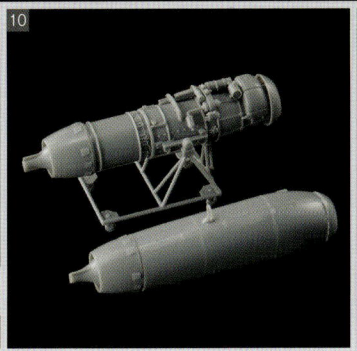

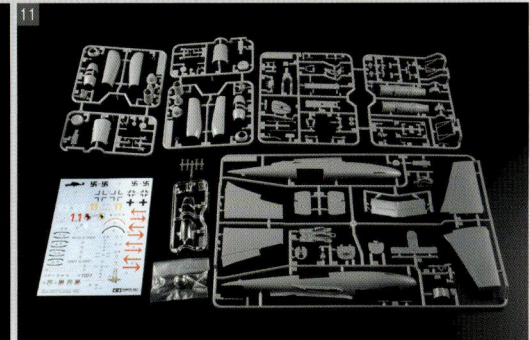

7 둥그스름한 엔진 포드를 등에 짊어진 특유의 형태를 멋지게 재현. 유선형의 스마트한 동체 형태와 독특한 모양의 주날개 등, 기체의 모양을 이미지 그대로 키트에 재현했다. 또한 파일럿이 겨우 들어가는 좁은 콕피트의 분위기도 잘 살렸다.

8 배기 노즐 끝부분 모양 등, 뒤에서 봐도 흥미가 샘솟는 샐러맨더. 비스듬하게 구부러진 수직 꼬리 날개의 조종익면 부분의 선명한 몰드가 만드는 분위기에도 주목.

9 엔진 포드에는 폴리캡이 있어서 완성한 뒤에도 떼어낼 수 있다. 덕분에 도색한 다음에도 포드의 개폐를 재현 가능. 또한 동체와의 접점이 좁은 주날개는 지지대를 넣어서 튼튼하게 접착할 수 있다.

10 엔진만 있는 모습과 패널을 닫은 상태의 엔진 포드. 패널을 닫은 상태로 조립했을 때 엔진만 따로 전시할 수 있도록 전용 받침대가 포함되었다.

11 엔진 관련 부품 덕분에 크기에 비해 부품 숫자가 많은 샐러맨더. 조립 자체는 체계적으로 진행되기 때문에 스트레스 받을 일이 거의 없다.

KIT REVIEW

1/48 SCALE MESSERSCHMITT Me262 A-1a
메서슈미트 Me262 A-1a

세계 최초의 실용 제트 전투기를 플라스틱 키트로 알아보는 즐거움

세계 최초의 실용 제트기로 알려진 Me262. 타미야에서는 2002년에 1/48 키트로 발매했다. 기수의 기관포 수납부 안쪽까지 재현하는 등의 기합이 들어간 구성이고, 나중에 동체를 클리어 부품으로 만들어서 내부를 보여주는 클리어 에디션도 발매됐다. 또한 프론트 기어 수납고 부품 자체를 무겁게 만든 아이디어도 볼거리 중에 하나.

text / 시게루

● 3,672엔, 발매 중 ● 전장 약 20.5cm

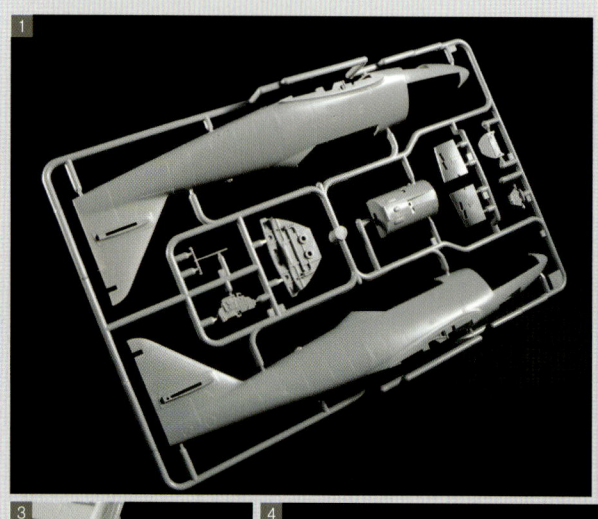
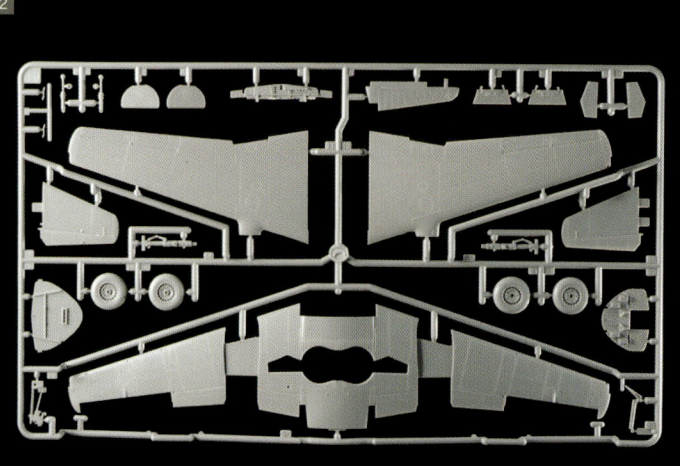

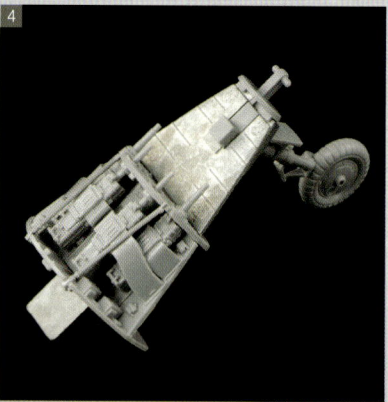

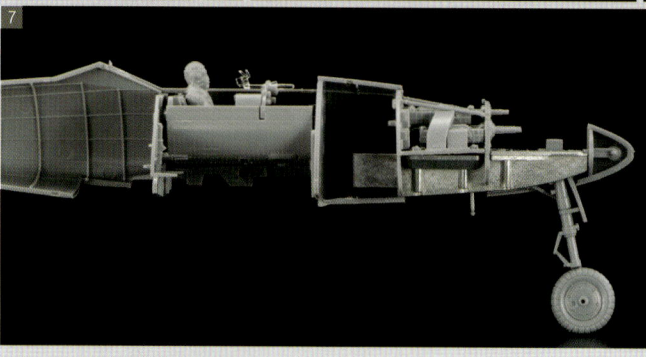
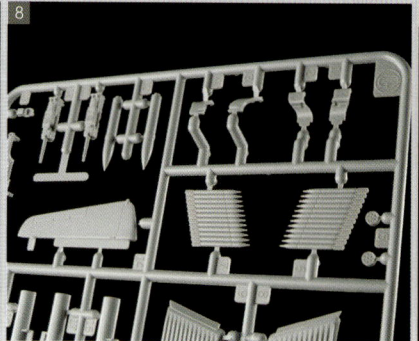
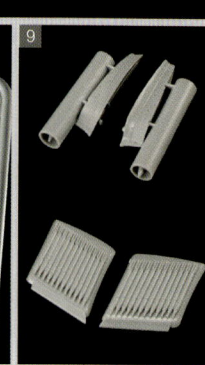

1 동체는 표준적인 좌우 분할. 하지만 기수 부분만 크게 뚫려 있는데, 이 부분에 기수 기관포가 들어간다.
2 어느 부품이 어떻게 접착되는지 상당히 알기 쉬운 주날개 부품. 밑면에 엔진 포드가 달리는데, 그 부분은 가늘게 되어 있다.
3 파일럿 피규어는 산소마스크와 고글을 착용한 고고도용 장비.
4 무게추 역할도 겸해서, 앞쪽 기어 수납고는 다이캐스트 부품으로 되어 있다. 그 위에 Mk103 30mm 기관포 4정 탑재.
5 콕피트는 동체 형상에 맞춘 삼각형 판 안에 들어가는 모양.
6 욕조 모양 콕피트를 앞뒤에서 감싸는 구조를 알 수 있다. 계기판 위의 조준기는 클리어 부품으로 재현.
7 콕피트와 기관포가 달린 동체. 콕피트 밑에 주날개가 달리는 구조라는 것을 쉽게 이해할 수 있다.
8 R4M 공대공 로켓탄은 섬세한 몰드로 재현.
9 무장으로 R4M외에 W.Gr21 공대공 로켓탄도 2발 포함.

1/48 SCALE MESSERSCHMITT Me262 A-1a

10 통통한 동체 모양과 샤프한 인상의 주날개가 눈에 띄는 Me262. 각 부분의 몰드도 필요 충분한 해상도와 섬세함을 지녔다. 또한 엔진 포드 흡기구 가장자리 등, 얇게 처리했으면 싶은 부분도 빠짐없이 멋지게 표현했다.
11 후방에서 봐도 프로포션에 문제가 없다. 주날개와 꼬리날개 뒤쪽이 상당히 샤프해서, 굳이 깎아주지 않아도 충분하다.
12 닫힌 상태의 기관포 커버. 별도 부품인데도 기수의 라인이 무너지지 않은 것에 주목.
13 열린 상태의 기관포 커버. 커버를 열어두기 위한 지지대 부품도 있다.
14 엔진 포드는 스마트한 모양을 잘 살렸다.
15 엔진 포드 자체는 크게 좌우 분할이고, 앞쪽 부분과 인테이크에서 튀어나온 콘을 붙여서 만든다.
16 부품 숫자는 표준적인 타미야 1/48 키트 수준이라는 느낌. 기관포까지 재현돼 있는데도 부품 숫자가 그렇게 많지 않은 설계라는 점에 놀라게 된다.

하비재팬 편집부의 도전
제2차 세계대전 당시의 제트기를 만들어 비교해보자!

P.38에서 하비재팬 편집부의 이토 다이스케가 IL-2 슈트르모빅을 붓도색으로 만들었는데, 여기서는 제2차 세계대전 당시에 등장했던 제트기를 편집부원이 만들고 비교합니다. 월간 하비재팬 지면에서 카 모델이나 특촬 관계 기사를 담당하는 YAS와, 본지 편집 담당 탄이 제작합니다. 어떻게 완성될까요?

제작 / YAS&탄 후미토시

YAS : 「레시프로기편」이었죠.
탄 : 「레시프로기편」입니다. YAS씨, Me262 만드세요.
YAS : 왜?
탄 : 예? 멋있잖아요! 그리고 제2차 세계대전 시기에 이런 제트기가 존재했다는 걸 모형을 만들어서 알릴 수 있거든요! 같은 시기의 레시프로기랑 같이 보고 싶다! 그런 생각이 들지 않으시나요?
YAS : 엄청 세게 나오네! 페이지가 남아서 그러는 거지!
탄 : 이봐요! 그렇게 나오면 경비 깎을 겁니다! 정말 쩨쩨하네! 솔직히 말해서, 이 레시프로와 제트기를 이어주는 Me262와 He162 키트는 키트 리뷰에서도 소개한 것처럼 내부 메카닉 구조까지 즐길 수 있는 엄청 좋은 키트라고요. 레시프로기를 만들었다면 이것도 추천하고 싶어요.
YAS : 좋았어, 그렇다면 만들어보자! 내가 비행기 키트를 사기는 했어도 완성한 건 하나도 없거든!
탄 : 좋았어! 이번 기회에 완성해봅시다~

▲사실은 전차 모형을 좋아하는 YAS(오른쪽)과 본지 편집 담당 탄(왼쪽)이 도전합니다.

**MESSERSCHMITT Me262 A-1a &
HEINKEL He162 A-2 "SALAMANDER"**

MESSERSCHMITT Me262 A-1a modeled by YAS

1

탄 : 프론트 기어 수납고가 다이캐스트라니, 대단하네요.
YAS : 이거, 추도 되거든! 달아주기만 해도 엉덩방아를 막아준대. 도색도 생각해서 메탈 프라이머를 뿌려주자.

2

YAS : 메인 기어와 타이어는 사양에 따라 부품이 다르니까, 처음에 만들 타입을 정한 뒤에 조립하는 쪽이 좋겠지.
탄 : 그럴 때는 설명서에 표시를 해야죠! 사양을 착각해서 고생한 적이 많으니까…

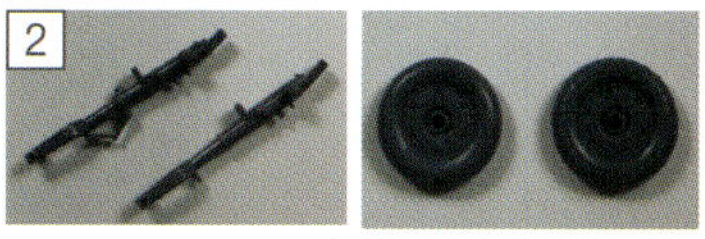

3
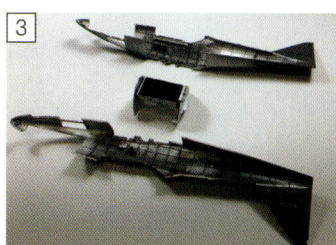
YAS : 특징적인 콕피트는 기어 수납고에서 바깥쪽도 보이니까, 실버를 꼼꼼히 칠했어. 동체 내부는 그럴듯한 색을 칠하기로 했고.
탄 : 조립하면 보이는 부분 안 보이는 부분을 잘 구별하는 게 전차 모델러 YAS 씨 답네요~
YAS : 그럴듯한 음영색을 칠하면 된다고 생각합니다.

4

YAS : 실은 말이죠~ 키트를 하나 더 샀어.
탄 : 왜?!
YAS : 이거 봐.
탄 : 뭐죠? 그냥 접합선을 지운 거잖아요.
YAS : 그게 문제였어….

5

YAS : 이거. 설명서를 보면 접합선을 안 지워도 되더라고. 다른 데도 그런 부분이 있고…. 동체는 괜찮았지만, 엔진 부분은 다시 만들었어.
탄 : 잘 안 보이니까 괜찮잖아요…. 콕피트 안쪽은 그렇게 대충 칠한 사람이…. 설명서는 처음부터 잘 확인하세요.

6
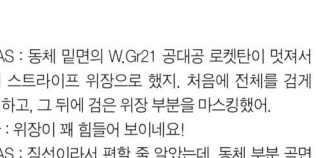
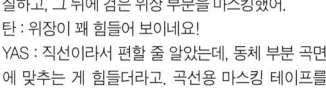
YAS : 동체 밑면의 W.Gr21 공대공 로켓탄이 멋져서 이 스트라이프 위장으로 했지. 처음에 전체를 검게 칠하고, 그 뒤에 검은 위장 부분을 마스킹했어.
탄 : 위장이 꽤 힘들어 보이네요!
YAS : 직선이라서 편할 줄 알았는데, 동체 부분 곡면에 맞추는 게 힘들더라고. 곡선용 마스킹 테이프를 써서 다행이야.

HEINKEL He162 A-2 "SALAMANDER" modeled by Fumitoshi TAN

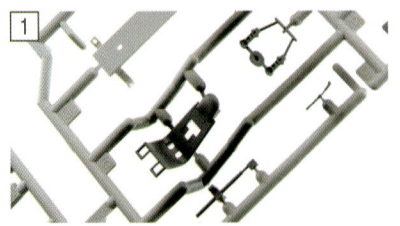

1
탄 : 이번에 콕피트 등을 가능한 런너에 달린 채로 칠합니다.
YAS : 왜?
탄 : 런너 상태로 칠하고 조립하면 나중에 리터치만 하면 되니까요. 손잡이를 달아서 칠할 필요도 없고. 저먼 그레이로 칠하는 부품은 전부 칠해줍니다.

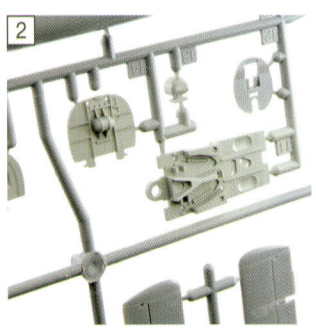

2
탄 : RLM 그레이로 칠하는 부분도 마찬가지로. 팍팍 칠해줍니다.
YAS : 조립은 언제 하는데~.

3
탄 : 다 칠하면 할거예요. 이런 느낌입니다.
YAS : 내부 부품은 동체 안에 들어가면 안 칠해진 게이트 부분도 안 보이니까.
탄 : 그렇습니다. 그래서 런너 상태로 칠하고 조립해도 OK. 만약 보이는 부분이 있으면 거기만 리터치 해줍니다.

4
탄 : 동체 안의 기어 수납고도 런너 상태로 칠하고 조립. 작은 부분 도색도 런너 상태에서 붓으로 칠했습니다.

5
YAS : 우와! 추다.
탄 : 원래 키트에 들어 있어요! 샐러맨더 키트의 특징이죠. 이걸 넣어주면 뒤로 넘어지지 않아요. 안에서 살짝 달그락달그락 움직이지만~.

6
탄 : 동체가 약간 어긋나서 맞춰주고, 마스킹 테이프를 감아서 고정한 뒤에 흘려 넣는 접착제로 붙여줬습니다.
YAS : 꼼꼼하네.
탄 : 접합선 수정은 한 번에 끝내고 다음 작업을 해야 하잖아요! 주날개는 동체 안쪽에서 나온 축을 이용하면 튼튼하게 고정할 수 있고 수평도 잘 맞습니다.

7
YAS : 기어 커버는 자르는 거야?
탄 : 예. 주기 상태를 재현할 때는 디테일을 따라서 잘라야 해요. 한 번에 자르려고 하지 말고, 여러 번 그어서 잘라주세요.

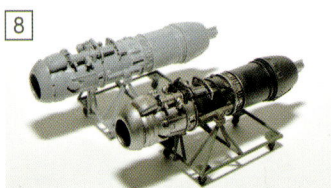

8
YAS : 엔진 도색 힘들겠네….
탄 : 엔진도 런너 상태에서 대략 칠하고, 접착한 뒤에 나머지를 붓으로 칠했습니다. 그러면 바로 완성되니까요. 그리고 은색은 바예호의 듀랄루민을 사용했는데, 그냥 뿌려도 이렇게 빛이 나니까 추천합니다.

샐러맨더의 캐노피 개폐를 재현할 수 있어서 접착하지 않았습니다. 앞쪽도 딱 맞아서 그냥 얹어주기만. 접착제가 삐져 나오기라도 하면 수정하는 게 무서워서, 부품이 잘 맞는 걸 그대로 살려봤습니다.

9

HEINKEL HE162 A-2 "SALAMANDER"
MODELED BY FUMITOSHI TAN

MESSERSCHMITT ME262 A-1A"
MODELED BY YAS

YAS : 엔진 모양이 특이하고 멋지네! 에나멜 도료로 워싱하고 웨더링을 해봤습니다.

YAS : 데칼에 실버링이 약간 생겼네….
탄 : 마크 세터로 수정하면 되니까, 이 책을 잘 보고 수정하세요~

YAS : 콕피트 내부는 완성해보면 아주 콤팩트. 살짝 드라이 브러싱을 해줬습니다.

탄 : 엔진이 정교해서 열린 상태로 두고 싶어지네요.

YAS : 이 금속 핀이 좋네요~. 덕분에 개폐 상태의 엔진을 고정할 수 있군요.
탄 : 예. 엔진 부품에 폴리캡이 들어가서 잘 고정되고, 부품 교체도 자유롭게 할 수 있습니다.

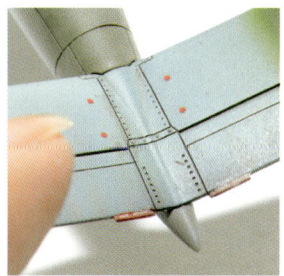

탄 : 이 빨간 점 데칼은 작으니까 조심해서 붙이세요.

탄 : 마스크를 쓴 피규어가 멋지니까 꼭 태워보고 싶었습니다. 설명서 지시대로 타미야 아크릴을 이용해서 붓으로 칠했습니다.

YAS : 이렇게 두 대를 같이 놓아보면 같은 시기 기체의 특징이 보여서 좋네요.
탄 : 모형 동료와 같이 만드는 것도 즐겁습니다. Bf109나 Fw190을 옆에 두고 싶네요! 다음엔 그걸 만들어보죠!
YAS : 다 같이 만들어서 비교하며 콜렉션 해봅시다!

다 같이 비행기 모형을 즐겨보자!

TAMIYA 1/48 MASTERPIECE MACHINE SERIES
RECIPROCATING PLANE CATALOG

타미야 1/48 걸작기 시리즈 레시프로기 카탈로그

이번 How to에서 소개한 키트 외에도 1/48 걸작기 시리즈에는 매력적인 레시프로기가 다수 발매돼 있습니다. 이 카탈로그를 참고로 한 대 더 만들어 보면 어떨까요?

※생산 중지 중인 키트는 게재하지 않았습니다.
※상품명 번역에는 일부 차이가 있을 수 있습니다.

메서슈미트 Bf109 G-6

- 3,996엔, 발매 중
- 전장 약 18.8cm

일본 육군 사식 전투기 하야테&쿠로가네 4기 디오라마 세트

- 3,456엔, 발매 중
- 전장 약 20.5cm(싯푸)

카와사키 삼식 전투기 히엔 I 형 정

- 3,240엔, 발매 중
- 전장 약 18.7cm

일류신 IL-2 슈트르모빅

- 4,644엔, 발매 중
- 전장 약 24.3cm

아브로 랭커스터 B Mk. I /III
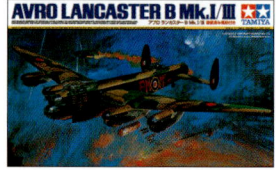
- 8,208엔, 발매 중
- 전장 약 44.3cm

아브로 랭커스터 B Mk. III 스페셜 "댐 버스터"/B Mk. I 스페셜 "그랜드 슬램 보머"

- 8,208엔, 발매 중
- 전장 약 44.3cm

일식 육상 공격기 11형 야마모토 이소로쿠 탑승기 (인형 17구 포함)

- 7,128엔, 발매 중
- 전장 약 41.6cm

드부아틴 D.520 에이스 탑승기 (스탭카 포함)

- 3,456엔, 발매 중
- 전장 약 18.3cm

미츠비시 영식 함상 전투기 22형/22형 갑

- 3,456엔, 발매 중
- 전장 약 19cm

포케불프 Fw190 F-8/9 폭탄 탑재 세트

- 3,240엔, 발매 중
- 전장 약 19cm

미츠비시 영식 함상 전투기 52형/52형 갑

- 3,456엔, 발매 중
- 전장 약 19cm

피젤러 Fi156C 슈토르히

- 5,616엔, 발매 중
- 전장 약 20.2cm

페어리 소드피시 Mk. II

- 4,968엔, 발매 중
- 전장 약 23cm

리퍼블릭 P-47M 썬더볼트

- 3,024엔, 발매 중
- 전장 약 23cm

포케불프 Fw190 A-8/A-8 R2

- 3,024엔, 발매 중
- 전장 약 19cm

백식 사령부 정찰기 III형

- 3,564엔, 발매 중
- 전장 약 22.9cm

리퍼블릭 P-47D 썬더볼트 "레이저백"

- 3,024엔, 발매 중
- 전장 약 23cm

나카지마 야간 전투기 겟코 11형 전기 생산형

- 4,320엔, 발매 중
- 전장 약 25.3cm

보우트 F4U-1A 커세어

- 2,700엔, 발매 중
- 전장 약 20.5cm

드 해빌랜드 모스키토 B Mk.IV/PR Mk.IV

- 3,672엔, 발매 중
- 전장 약 25.9cm

메서슈미트 Bf109 E-4/7 TROP

- 2,700엔, 발매 중
- 전장 약 18.5cm

보우트 F4U-1D 커세어

- 2,700엔, 발매 중
- 전장 약 20.5cm

하인켈 He219 A-7 우후

- 4,752엔, 발매 중
- 전장 약 35.5cm

브루스터 B-339 버팔로 태평양 전선

- 2,700엔, 발매 중
- 전장 약 16.3cm

리퍼블릭 P-47D 썬더볼트 "버블탑"

- 3,240엔, 발매 중
- 전장 약 23cm

보우트 F4U-1D 커세어 토잉카(Moto-Tug) 견인 세트

- 3,240엔, 발매 중
- 전장 약 20.5cm(커세어)

더글러스 A-1J 스카이레이더 미공군

- 4,212엔, 발매 중
- 전장 약 24.8cm

브리스톨 보파이터 TF.Mk.X

- 3,672엔, 발매 중
- 전장 약 24.8cm

브리스톨 보파이터 TF.Mk.VI 야간 전투기

- 3,024엔, 발매 중
- 전장 약 24.8cm

드 해빌랜드 모스키토 FB Mk.VI/NF Mk.II

- 3,672엔, 발매 중
- 전장 약 26.4cm

더글러스 A-1H 스카이레이더 미해군

- 3,672엔, 발매 중
- 전장 약 24.8cm

백식 사정 III형 개조 방공전투기(키46-III 을+병)

- 3,564엔, 발매 중
- 전장 약 23.6cm

아이치 M6A1 세이란

- 3,024엔, 발매 중
- 전장 약 22.1cm

메서슈미트 Bf109 E-3

- 2,700엔, 발매 중
- 전장 약 18.3cm

챈스 보우트 F4U-1/2 버드 케이지 커세어

- 2,700엔, 발매 중
- 전장 약 20.5cm

노스 아메리칸 F-51D 머스탱(한국전쟁 사양)

- 2,700엔, 발매 중
- 전장 약 21.3cm

포케불프 Fw190 D-9

- 2,700엔, 발매 중
- 전장 약 21.3cm

카와니시 국지전투기 시덴 11형 갑

- 3,024엔, 발매 중
- 전장 약 18.3cm

카와니시 수상전투기 쿄후 11형

- 2,700엔, 발매 중
- 전장 약 22cm

그라만 F4F-4 와일드캣

- 2,700엔, 발매 중
- 전장 약 18.4cm

슈퍼마린 스핏파이어 Mk.I

- 2,700엔, 발매 중
- 전장 약 19.3cm

브리스톨 보파이터 Mk.VI

- 3,672엔, 발매 중
- 전장 약 27cm

미츠비시 일식 육상 공격기 11형

- 6,264엔, 발매 중
- 전장 약 41.6cm

노스 아메리칸 RAF 머스탱 III

- 2,700엔, 발매 중
- 전장 약 20.5cm

노스 아메리칸 P-51B 머스탱

- 2,700엔, 발매 중
- 전장 약 20.5cm

노스 아메리칸 P-51D 머스탱

- 2,700엔, 발매 중
- 전장 약 20.5cm

포케불프 Fw190 A-3

- 2,700엔, 발매 중
- 전장 약 18.3cm

슈퍼마린 스핏파이어 Mk.Vb TROP.

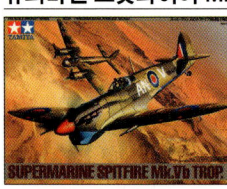

- 2,700엔, 발매 중
- 전장 약 19.3cm

슈퍼마린 스핏파이어 Mk.Vb

- 2,700엔, 발매 중
- 전장 약 19.3cm

해군 영식 함상 전투기 52형 병

- 1,620엔, 발매 중
- 전장 약 19cm

해군 영식 함상 전투기 32형

● 1,620엔, 발매 중
● 전장 약 19cm

해군 이식 수상전투기

● 1,620엔, 발매 중
● 전장 약 21cm

육군 사식전투기 하야테

● 1,620엔, 발매 중
● 전장 약 20.6cm

해군 국지전투기 라이덴 21형

● 1,620엔, 발매 중
● 전장 약 20.2cm

해군 영식 함상 전투기 21형

● 1,620엔, 발매 중
● 전장 약 18.8cm

비행기 모형 제작의 교과서 레시프로기 편
타미야 1/48 걸작기 시리즈

STAFF

Modeling
이토 다이스케 Daisuke ITO
켄타로 KENTARO
탄 후미토시 Fumitoshi TAN
쵸토쿠 요시타카 Yoshitaka CHOTOKU
나이토 요시카즈 Yoshikazu NAITO
하야시 텟페이 Teppei HAYASHI
하루조노 엔쟈쿠 Enjyaku HARUZONO
YAS
욘케이 YONKEI

Writing
켄타로 KENTARO
시게루 SHIGERU

Editor
탄 후미토시 Fumitoshi TAN

Assistant Editor
이마이 타카히로 Takahiro IMAI

Photographers
혼마츠 아키시게 Akishige HOMMATSU (STUDIO R)
카와하시 마사타카 Masataka KAWAHASHI (STUDIO R)
오카모토 가쿠 Gaku OKAMOTO (STUDIO R)
츠카모토 켄토 Kento TSUKAMOTO (STUDIO R)
세키자키 유스케 Yusuke SEKIZAKI (STUDIO R)
카츠라 타카노리 Takanori KATSURA (INOUE PHOTO STUDIO)
STUDIO R

Design
코바야시 아유무 Ayumu KOBAYSHI

Special thanks
주식회사 타미야

AK HOBBY BOOK
비행기 모형 제작의 교과서 레시프로기 편
타미야 1/48 걸작기 시리즈

초판 1쇄 인쇄 2020년 6월 10일
초판 1쇄 발행 2020년 6월 15일

저자 : 하비재팬 편집부
번역 : 김정규

펴낸이 : 이동섭
편집 : 이민규, 서찬웅, 탁승규
디자인 : 조세연, 김현승, 황효주, 김형주
영업 · 마케팅 : 송정환
e-BOOK : 홍인표, 김영빈, 유재학, 최정수
관리 : 이윤미

㈜에이케이커뮤니케이션즈
등록 1996년 7월 9일(제302-1996-00026호)
주소 : 04002 서울 마포구 동교로 17안길 28, 2층
TEL : 02-702-7963~5 FAX : 02-702-7988
http://www.amusementkorea.co.kr

ISBN 979-11-274-3336-9 17630

Hikoki Mokei Seisaku No Kyokasho
Tamiya 1/48 Kessakuki Series no Sekai 「Reciproki Hen」
ⓒHOBBY JAPAN
Originally Published in Japan in 2018 by HOBBY JAPAN Co.,Ltd.
Korea translation Copyrightⓒ2020 by AK Communications, Inc.

이 책의 한국어판 저작권은 일본 ㈜HOBBY JAPAN과의 독점 계약으로
㈜에이케이커뮤니케이션즈에 있습니다.
저작권법에 의해 한국에서 보호를 받는 저작물이므로 무단전재와 무단복제를 금합니다.

이 도서의 국립중앙도서관 출판예정도서목록(CIP)은
서지정보유통지원시스템 홈페이지(http://seoji.nl.go.kr)와
국가자료공동목록시스템(http://www.nl.go.kr/kolisnet)에서 이용하실 수 있습니다.
(CIP제어번호:CIP2020020676)

*잘못된 책은 구입한 곳에서 무료로 바꿔드립니다.

손끝에서 탄생하는
현실 이상의 리얼리티!!

-AK HOBBY BOOK

노모켄 1 [최신개정판]
노모토 켄이치 지음 | 이은수 옮김 | 210X257mm | 208쪽
ISBN 979-11-7024-259-8 | 25,000원
프라모델러를 위한 테크닉 가이드

『노모켄』은 모형 제작을 위한 테크닉 가이드북이다. 공구와 재료의 소개부터 프라모델의 조립, 개조법, 처음부터 만들어 나가기 위한 조형적인 기법, 마감과 도장, 그리고 복제까지를 모두 망라하여 풍부한 사진과 함께 해설한다.

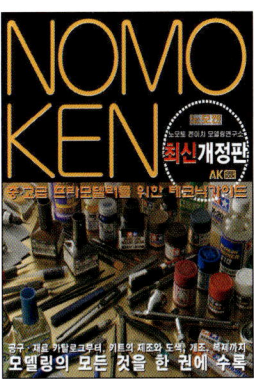

노모켄 2
노모토 켄이치 지음 | AK커뮤니케이션즈 편집부 옮김 | 210X257mm | 112쪽
ISBN 978-89-8710-363-1 | 15,800원
중·고급 프라모델러를 위한 테크닉가이드

오토 모델, 에어로 모델, AFV 모델 등의 장르를 다룬다. 각 작품마다 테마를 설정하고, 그 제작과정을 풍부한 사진과 자세한 해설을 곁들여 소개한다. 특히 각 장르의 조립부터 도색까지, 설명서에는 실려 있지 않은 유용한 실용기술들을 담았다.

노모켄 3
노모토 켄이치 지음 | AK커뮤니케이션즈 편집부 옮김 | 210X257mm | 162쪽
ISBN 978-89-6407-237-0 | 21,800원
건담 모형 도색과 개조. 프로의 테크닉을 전수한다!

단순 조립에서 한발 더 나아가, 개조를 통해 자신만의 스타일로 연출할 수 있는 모든 테크닉이 총 망라되어 있다. 작업에 쓰이는 도구의 설명에서부터, 붓터치, 에어브러쉬의 사용법, 개조방법, 웨더링, 완성 후의 전시와 보관까지, 작업하면서 궁금할 법한 사항을 상세히 다룬다.

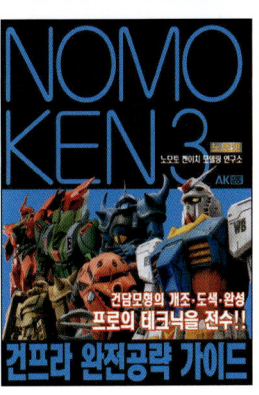

노모켄 Extra Edition 건프라 입문

노모토 켄이치 지음 | AK커뮤니케이션즈 편집부 옮김 | 210X257mm | 98쪽
ISBN 978-89-6407-033-8 | 12,000원

건프라 제작의 모든 노하우를 이 한 권에!

프라모델을 처음 만드는 독자들을 위한 가이드북. 기동전사 건담 시리즈의 프라모델, 즉 건프라 제작의 기초부터 완성까지 사진자료를 통해 상세히 설명한다. 기초에서부터 키트의 완성도를 높이는 다양한 테크닉을 수록하였다.

노모켄 특별편 궁극의 자동차 모델 제작법
-NOMOKEN extra edition-

노모토 켄이치 지음 | 김정규 옮김 | 182X257mm | 112쪽
ISBN 979-11-274-2162-5 | 24,000원

세상에 하나뿐인 자동차 모델 제작법!

프라모델 제작 가이드의 전설, 노모켄 시리즈의 저자 노모토 켄이치. 그가 부품부터 하나하나 전부 다 만드는 '스크래치 빌드'로 만들어낸 F1 경주용 자동차 모형, 1/12 티렐 008의 제작 과정을 추적한다. 30년이 넘는 제작 노하우에 3D모델링과 같은 최신 기술까지 동원한 이유와 결과는?

철도 모형 제작의 교과서

하비 재팬 편집부 지음 | AK커뮤니케이션즈 편집부 옮김 | 210X297mm | 112쪽
ISBN | 978-89-6407-925-6 | 22,000원

철도 모형의 다양한 레이아웃 제작 테크닉 완벽 가이드!!

철도 모형 팬들이 최단 시간에 원하는 목표에 도달할 수 있도록, 효율적인 제작 테크닉을 전수한다. 누구나 원하는 레이아웃의 철도 모형을 완성할 수 있도록, 창의적이고 유용한 기법들을 알려준다. 레이아웃을 제작할 때 발생하는 곤란한 상황에 대해 그 해결책을 제시해줄 것이다.

비행기 모형 제작의 교과서 [최신 제트 전투기편]

하비 재팬 편집부 지음 | AK커뮤니케이션즈 편집부 옮김 | 210X297mm | 112쪽
ISBN 978-89-6407-492-3 | 19,800원

사진으로 보는 비행기 모형작법서!

쉽게 따라올 수 있도록 풍부한 사진과 친절한 설명 등 초보자를 위한 배려는 물론, 실기에 버금가는 작례가 돋보이는 본격 입문 작법서.
제작 과정을 순서에 따라 상세하게 해설하고 있으며, 비행기 모형 팬들에게 더할 나위 없는 최고의 가치를 선사할 것이다.

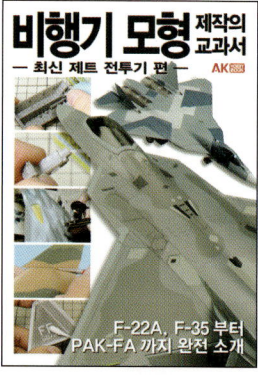

전차 모형 제작의 교과서

하비 재팬 편집부 지음 | 오세찬 옮김 | 210X297mm | 96쪽
ISBN | 978-89-6407-744-3 | 19,800원

전차 모형 제작의 결정판 가이드!

제작 과정을 쉽게 이해할 수 있는 방대하고 상세한 사진 자료와 함께 일본 AFV 모델계 거장의 핵심을 짚어주는 친절하고 자세한 설명으로 누구나가 원하는 전차 모형을 제작할 수 있도록 구성하였다. 나중에는 전차 모형을 자유롭게 다루는 자신을 발견할 수 있을 것이다.

프라모델 에어브러시 테크닉가이드

카와노 요시유키 지음 | AK커뮤니케이션즈 편집부 옮김 | 180X230mm | 119쪽
ISBN 978-89-6407-006-2 | 17,800원
프라모델 도색기법의 꽃! 에어브러시 테크닉의 정수!
여러 가지 프라모델 도색기법 가운데에서도 그 꽃이라고도 할 수 있는 에어브러시 테크닉의 정수를 담은 가이드 북. 기초부터 시작하여 응용 테크닉에 이르기까지, 에어브러시의 테크닉에 대한 훌륭한 길잡이가 될 것이다.

비행기 모형 만들기

나카다 히로유키 지음 | AK커뮤니케이션즈 편집부 옮김 | 210X297mm | 152쪽
ISBN 978-89-6407-252-3 | 24,800원
2차 세계대전을 대표하는 전투기 4종 완전 해설!
2차 세계대전에서 활약한 일본의 영식 함상 전투기, 독일의 포케볼프 Fw190 F-8/9, 미국의 노스 아메리칸 F51D 무스탕 등 4기의 기체에 대한 해설을 담은 책이다. 입문자의 입장에서 자세하고 쉽게 기술하여 비행기 모형 제작의 기본기를 다질 수 있도록 도와줄 것이다.

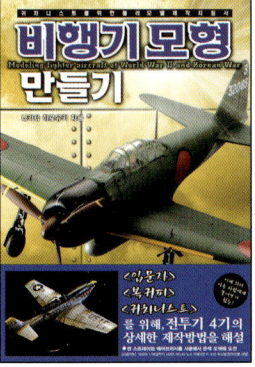

자동차 모형 만들기

기타자와 시로 외 2인 지음 | AK커뮤니케이션즈 편집부 옮김 | 210X297mm | 144쪽
ISBN 978-89-6407-336-0 | 24,800원
자동차 모형을 만드는 즐거움을 느껴보자!
클래식 카 '미니 쿠퍼', 명품 스포츠카 '페라리 288 GTO', 걸작 머신
'페라리 312T'. 그리고 20년 만에 플라모델 제작에 도전하는 복귀파 모델러의 눈물 없인 볼 수 없는 처절한 'AE86 트레노' 제작기까지, 자동차 플라모델 만드는 법을 기초부터 차근차근 설명한 책.

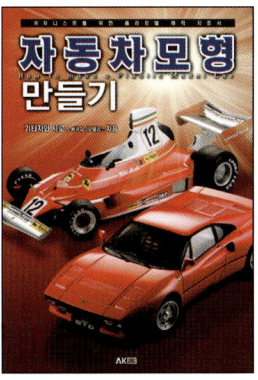

전차 모형 만들기

나카다 히로유키 지음 | 장민성 옮김 | 210X297mm | 136쪽
ISBN 978-89-6407-040-6 | 24,800원
바쁜 사람들을 위한 경제적인 모델링 안내서!
공부나 일에 쫓겨서 좀처럼 모형을 제작할 시간을 갖지 못하는 이들을 위해, 시간을 들이지 않으면서 간단하고 멋지게 완성할 수 있는 기술을 소개하는 전차모형 제작 가이드 북. 필자가 오랜 기간에 걸쳐 쌓아온 노하우를 이 한 권에 담았다.

함선 모형 만들기

나카다 히로유키 지음 | 이재경 옮김 | 210X297mm | 143쪽
ISBN 978-89-6407-245-5 | 24,800원
나만의 함정을 제작하는 방법!
전함 야마토와 구 일본 해군 함정, 디오라마 제작법을 소개한다. 1/700 사이즈의 함선 모형 제작방법을 알기 쉽게 해설하여 모형을 처음 접하는 이들도 따라할 수 있다.

전차 디오라마 만들기
나카다 히로유키 지음 | 이재경 옮김 | 210X297mm | 128쪽
ISBN 978-89-6407-205-9 | 24,800원
전장을 포효하는 나만의 전차를 만들어 보자!
단순히 전시대 위에 작품을 올려 놓는 것이 아니라, 실제 전장의 정경 속에 작품을 배치하고 싶어 하는 디오라마 입문자들을 위한 입문서.
디오라마를 만들면서 가졌을 법한 모든 의문점에 대해서 해답을 제시하는 것은 물론, 저자의 모델링노하우를 아낌없이 공개한다.

밀리터리 모델링 메뉴얼21
하비 재팬 편집부 지음 | AK커뮤니케이션즈 편집부 옮김 | 210X297mm | 154쪽
ISBN 978-89-6407-009-3 | 24,800원
실력있는 전문 필진들의 고품격 작례와 다양한 해설!
일본의 정통 모형지 하비 재팬시리즈 중에서도, AFV를 중심으로 밀리터리 관련 장르에 초점을 맞춘 「밀리터리 모델링 메뉴얼 21」의 정식 한국어판. 이 책의 메인 테마는 '구축전차'. 베테랑 필진들의 화려한 고품격 작례 및 다양한 사진 자료와, 상세한 해설을 통하여, 유용한 실전 노하우를 제공하고, 동기를 부여해 줄 것이다.

요코야마 코우 Ma.K. 모델링북
요코야마 코우 지음 | 이재경 옮김 옮김 | 217X286mm | 112쪽
ISBN 979-11-7024-388-5 | 30,000원
최고의 모델링을 향한 감동의 여정
일러스트레이터 겸 모델러인 요코야마 코우가, 최신 도구와 재료를 이용하여 제작한 『Ma.K.』의 프라모델, 레진 키트, 액션 피규어를 대공개한다. 저자가 직접 촬영한 사진과 실용적인 해설로 구성한 획기적인 모형지이다. 저자가 직접 해설하는 마쉬넨 크리거의 독특한 디자인과 제작 테크닉들을 통하여 전과는 다른 작품을 완성할 수 있을 것이다.

토이건 다이제스트 2011
하비 재팬 편집부 지음 | AK커뮤니케이션즈 편집부 옮김 | 210X297mm | 249쪽
ISBN 978-89-6407-925-6 | 22,000원
토이건, 이 한 권으로 완전 픽업!
모델건. 이제까지 관심은 있었지만, 정보가 없어 곤란해 하던 이들을 위한 서적! 신상 토이건은 물론, 그동안 완벽한 성능으로 찬사받았던 명품 모델까지, 이 책 한 권으로 완벽 픽업! 단순한 카탈로그가 아닌, 성능에 대한 설명과 사용례, 성능 비교까지 담아낸, 토이건 마니아들을 위한 퍼펙트 가이드 북.

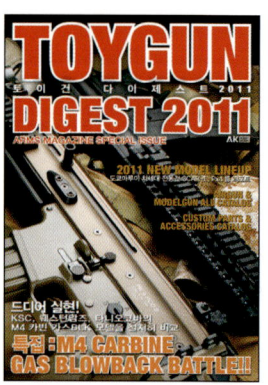

타미야 1/48 톰캣 제작 가이드 F-14A 톰캣을 즐겨보자
하비 재팬 편집부 지음 | 문성호 옮김 | 210X257mm | 72쪽
ISBN 979-11-274-1248-7 | 18,500원
타미야 1/48 톰캣 궁극의 제작 가이드 북!!
당대 최강의 함상 전투기로 이름 높았으며 현재도 최고의 인기를 자랑하는 F-14. 2016년 11월, 타미야에서 결정판이라 할 수 있는 1/48 F-14A를 발매했다. 조립부터 디테일업, 웨더링, 개조, 작례와 실기 정보, 디테일업 파츠, 별매 데칼까지! 관련된 모든 정보를 이 한 권에 다 담았다!

1911 거버먼트 마니악스
암즈 매거진 편집부 지음 | 이상언 옮김 | 210X297mm | 142쪽
ISBN 979-11-274-1338-5 | 24,800원
프라모델 도색기법의 꽃! 에어브러시 테크닉의 정수!
탄생으로부터 100년. 오늘날에도 군경은 물론 민간 시장에서까지 폭넓게 사랑받고 있는 이유는 무엇일까? 자동권총이 탄생하고 그 기계적 구조가 정립된 20세기 초의 역사적 상황부터 1911의 개발과정과 미군 제식 채용까지의 경위, 각종 베리에이션과 커스텀 모델, 그리고 분해 정비와 관리까지 1911의 모든 것을 이 한 권에 담았다.

마스터피스 피스톨 세계의 걸작 권총
하비재팬 편집부 지음 | 이상언 옮김 | 210X297mm | 224쪽
ISBN 979-11-274-2354-4 | 29,800원
걸작이라 불리는 권총이 한자리에 모였다!
19세기 말부터 20세기 말까지 세상을 풍미했던 권총들을 소개한다. 걸작이라 평가받는 각 권총의 탄생과 영광, 현재의 모습까지 풍부한 사진 자료를 곁들여 상세하게 설명한다. 부품, 구조, 원형은 물론 파생형에 이르기까지 무엇 하나 빼놓을 것이 없는 "걸작" 권총 소개서!

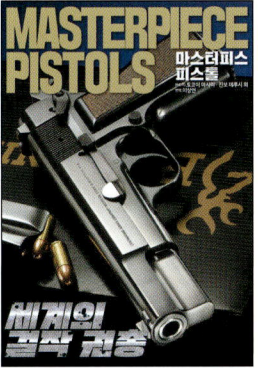

프레임 암즈 걸 모델링 컬렉션
하비재팬 편집부 지음 | 문성호 옮김 | 225X287mm | 122쪽
ISBN 979-11-274-1157-2 | 24,800원
애니메이션 속 미소녀를 3D로!!
일본 모형 업계의 숨은 강자인 고토부키야의 오리지널 시리즈로 시작, 2017년 2/4분기에 애니메이션으로 제작/방영된 프레임 암즈 걸! 미소녀 피규어이면서 동시에 프라모델이라고 하는 특성을 살린, 프레임 암즈 걸 시리즈가 지닌 다양한 가능성을 보여주는 창조적 작례를 통해 프레임 암즈 걸의 매력을 200%로 즐겨보자.

피규어의 교과서
모형의 왕국 지음 | 문우성 옮김 | 180X230mm | 160쪽
ISBN 978-89-6407-688-0 | 19,800원
기초부터 시작하는 피규어 제작법!
미소녀 피규어의 제작법을 제로부터 배운다! 만들어본 적 없는 사람이라도 사진과 그 아래에 적힌 사진 타이틀만 읽으면 어떻게 진행되는지 알 수 있도록 구성되어 있다. 피규어 원형 교실『모형 학원』현장 경력 10년의 피드백이 담긴 사진과 꼼꼼한 해설로 구성된 피규어 제작의 살아있는 교과서!

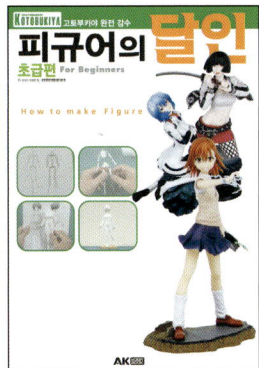

피규어의 달인 [초급편]
피규어 제작 향상위원회 지음 | AK커뮤니케이션즈 편집부 옮김 | 182X257mm
96쪽 | ISBN 978-89-6407-267-7 | 17,800원
피규어 초보자를 위한 나침반!
피규어를 스스로 만들어 보고 싶어 하는 이들을 위한 HOW TO! 피규어 제작. 관련 서적이 거의 전무한 상황에서, 기초 중의 기초적인 내용을 다루고 있다. 이 책의 목표는 어려운 피규어 제작에 일단 첫발을 내딛게 하는 것이며, 누구라도 책의 가이드 흐름을 따라 제작을 시도해 본다면 원하는 결과를 얻을 수 있을 것이다.

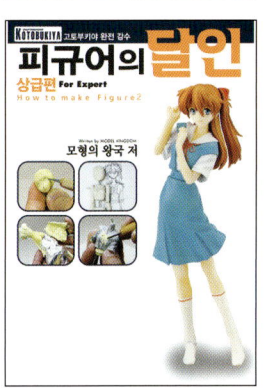

피규어의 달인 [상급편]
피규어 제작 향상위원회 지음 | 문우성 옮김 | 210X297mm | 128쪽
ISBN 978-89-6407-148-9 | 19,800원
피규어의 모든 것을 단 한권으로 완벽 해설!
프로 원형사 도카이무라 겐파치가 선보이는 피규어 제작의 모든 것. 프라모델과 피규어 제작으로 유명한 '고토부키야'에서 직접 제작한 이 책은 최초의 원형 제작 과정은 물론 복제하고 판매하는 방법, 판권사와 협의하는 절차까지 피규어 제작에서 겪게 되는 전 과정을 담고 있다. 저자의 풍부한 경험까지 더해진 실전 피규어 제작 가이드를 만나보자.

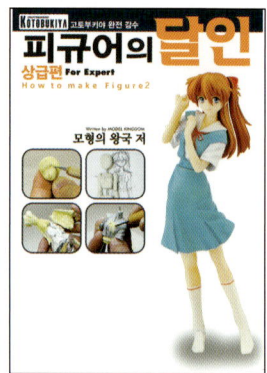

카토키 하지메 디자인 & 프로덕츠 어프로브드 건담
카토키 하지메 지음 | 김정규 옮김 | 256X256mm | 144쪽
ISBN 978-89-6407-383-4 | 28,000원
카토키 하지메와 모델러가 '건프라'를 위해 뭉쳤다!
건담의 각종 설정 자료와 미공개 러프 일러스트를 포함한 디자인 워크집. 건담 프라모델의 제작과정, 수정문구, 러프, 초안 등 비공식 스케치 자료들로 구성되어 있다. 또한 일러스트레이터이자 메카닉 디자이너 하지메의 스타일 변천사를 한눈에 살펴볼 수 있으며 스케일, 기체 종류, 기술력의 발달 상황을 짚어주면서 이해하기 쉽도록 구성하였다.

건프라 카탈로그 2016
하비재팬 편집부 지음 | 오광웅 옮김 | 210X297mm | 352쪽
ISBN 979-11-274-0161-0 | 33,000원
약 1700점의 건프라가 수록된 건프라 35주년 기념 카탈로그!
1980년 7월에 발매된 기념비적인 첫 건프라 「1/144 건담」부터 시작해 리얼 스케일 건프라를 총망라하였다. PG, MG, HGUC, HG, RG 등 각 스케일별 키트에 대한 상세한 설명은 물론 웹 한정 판매 아이템까지 올컬러로 수록한, 건프라의 역사를 한눈에 살펴볼 수 있는 귀중한 카탈로그이다.

건프라 카탈로그 2018 HG편
하비재팬 편집부 지음 | 김정규 옮김 | 210X297mm | 256쪽
ISBN 979-11-274-1730-7 | 28,000원
건프라의 스탠더드, HG를 철저 수록!
건프라(건담 플라스틱 모델) 10주년을 맞이해서, 당시의 최신 기술을 이용하여 역대 건담을 1/144 스케일로 탄생시킨 HG 시리즈. 그 시작부터 현재에 이르기까지, 진화의 역사를 이 한 권에 담았다! 프리미엄 반다이나 이벤트 한정품 등, 1000종류 이상이라는 압도적인 숫자를 자랑하는 HG 건프라를 총망라한 최신 풀 컬러 카탈로그!

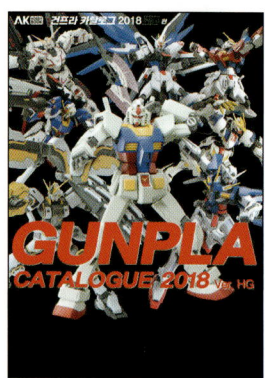

수성 아크릴 붓 도색 테크닉
아키토모 카츠야 지음 | 김정규 옮김 | 182X257mm | 96쪽
ISBN 979-11-274-1729-1 | 18,900원
물을 섞어서 붓으로 칠한다!
경력 40년의 프로 모델러가 실내에 최적화된 프라모델 도색 테크닉을 공개. '수성 아크릴' 붓 도색 기법은 기존의 도색 방법과 비교하여 냄새나 자극성이 지극히 적으며 비용이 저렴하고, 따라하기 쉬울뿐더러 나중에 수정하기도 쉽다. 전차, 비행기, 함선 등 모든 장르의 프라모델 도색이 비약적으로 간단해지는 방법과 각종 요령을 기초부터 차근차근 안내한다.

건프라 만들기를 시작해보자 건담 빌드 다이버즈 편

하비재팬 편집부 지음 | 김정규 옮김 | 210X257mm | 96쪽
ISBN 979-11-274-2768-9 | 12,800원

건담 빌드 다이버즈로 완전 공략!
아이들과 부모님이 함께 하는 건프라 "How to" 입문서!

건프라(건담 플라스틱 모델)에 처음 도전하는 분들을 위해 준비된 가이드북. 애니메이션 『건담 빌드 다이버즈』를 소재로 삼아 건프라란 어떤 것인지 소개한다. 기초적인 제작법과 간단 커스터마이즈하는 법, 프로의 멋진 기술과 발상, 개조 결과 등을 한 권 안에 눌러 담았다.

피규어의 교과서 레진 키트 & 도색 입문 편

후지타 시게토시 지음 | 김정규 옮김 | 180X232mm | 176쪽
ISBN 979-11-274-2775-7 | 20,800원

피규어 조립과 도색을 제로부터!

컬러 레진 키트 제작으로 기초를 배우면서 피규어를 완성하는 기쁨을 맛본다. 그 뒤에는 본격적인 단색 레진 키트 제작으로 더 높은 수준의 기술을 습득. 약간의 공을 들이면 더욱 아름답게 보일 수 있는 부품 다듬기부터 붓, 에어브러시를 이용한 도색 등의 디테일 향상 테크닉까지 익힌다.

화장지로 만드는 곤충

코마미야 히로시 지음 | 김정규 옮김 | 190X257mm | 136쪽
ISBN 979-11-274-3261-4 | 19,000원

네모난 종이 상자에 든 티슈 화장지로 아주 리얼한 곤충을 만들어보자!

장수풍뎅이, 호랑나비, 메뚜기, 장수잠자리, 참매미… 사각 종이갑에 담긴 티슈라는 우리 주변에서 흔히 볼 수 있는 일상용품을 재료로 실제처럼 생생하고 박력 넘치는 종이 곤충을 만드는 방법을 소개한다. 필요한 도구부터 시작해 기본적인 테크닉, 구체적인 제작 과정에 이르기까지. 설명을 따라 한 마리 또 한 마리 만드는 방법을 익혀보자!

창작을 위한 아이디어 자료
AK 트리비아 시리즈

-AK TRIVIA BOOK

오타쿠 문화사 1989~2018
헤이세이 오타쿠 연구회 지음 | 이석호 옮김 | 136쪽 | 13,000원
오타쿠 문화는 어떻게 변해왔는가!
애니메이션에서 게임, 만화, 라노벨, 인터넷, SNS, 아이돌, 코미케, 원더페스, 코스프레, 2.5차원까지, 1989년~2018년에 걸쳐 30년 동안 일어났던 오타쿠 역사의 변천 과정과 주요 이슈들을 흥미롭게 파헤친다.

중세 유럽의 문화
이케가미 쇼타 지음 | 이은수 옮김 | 256쪽 | 13,000원
심오하고 매력적인 중세의 세계!
기사, 사제와 수도사, 음유시인에 숙녀, 그리고 농민과 상인과 기술자들. 중세 배경의 판타지 세계에서 자주 보았던 그들의 리얼한 생활을 풍부한 일러스트와 표로 이해한다! 중세라는 로맨틱한 세계에서 사람들은 어떤 의식주 문화를 이루어왔는지 생생하게 보여준다.

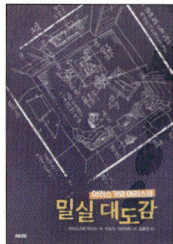

밀실 대도감
아리스가와 아리스 지음 | 김효진 옮김 | 372쪽 | 28,000원
41개의 기상천외한 밀실 트릭!
완전범죄로 보이는 밀실 미스터리의 진실에 접근한다! 깊이 있는 통찰력으로 날카롭게 풀어낸 아리스가와 아리스의 밀실 트릭 해설과 매혹적인 밀실 사건 현장을 생생하게 그려낸 이소다 가즈이치의 일러스트가 우리를 놀랍고 신기한 밀실의 세계로 초대한다.

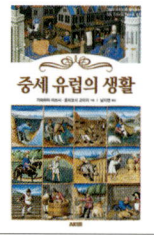

중세 유럽의 생활
가와하라 아쓰시, 호리코시 고이치 지음 | 남지연 옮김 | 260쪽 | 13,000원
새롭게 보는 중세 유럽 생활사
「기도하는 자」, 「싸우는 자」, 그리고 「일하는 자」라고 하는 중세 유럽의 세 가지 신분. 그이 가운데에서도 절대 다수를 차지했던 「일하는 자」에 해당하는 농민과 상공업자의 일상생활은 어떤 것이었을까? 여태까지 잘 알려지지 않았거나 잘못 알려져 있던 전근대 유럽 사회에 대하여 알아보도록 하자.

크툴루 신화 대사전
히가시 마사오 지음 | 전홍식 옮김 | 552쪽 | 25,000원
크툴루 신화에 입문하는 최고의 안내서!
크툴루 신화 세계관은 물론 그 모태인 러브크래프트의 문학 세계와 문화사적 배경까지 총망라하여 수록한 대사전으로, 그 방대하고 흥미진진한 신화 대계를 간결하고 명확하게 설명한다.

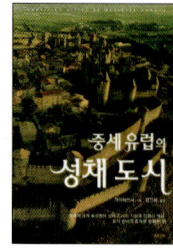

중세 유럽의 성채 도시
가이하쓰샤 지음 | 김진희 옮김 | 232쪽 | 15,000원
성채 도시의 기원과 진화의 역사!
외적으로부터 생명과 재산을 보호하기 위해 견고한 성벽으로 도시를 둘러싼 성채 도시. 방어 시설과 도시 기능은 시대의 흐름에 따라 더욱 강력하게 발전해 나가며, 문화・상업・군사 면에서 진화를 거듭한다. 그러한 궁극적인 기능미의 집약체였던 성채 도시의 주민 생활상부터 공성전 무기・전술에 이르기까지 상세하게 알아본다.

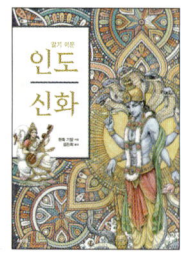

알기 쉬운 인도 신화
천축 기담 지음 | 김진희 옮김 | 228쪽 | 15,000원
혼돈과 전쟁, 사랑 속에서 살아가는 인도 신!
라마, 크리슈나, 시바, 가네샤! 강렬한 개성이 충돌하는 무아와 혼돈의 이야기! 2대 서사시『라마야나』와『마하바라타』의 세계관부터 신들의 특징과 일화에 이르는 모든 것을 이 한 권으로 파악한다.

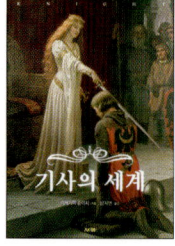

기사의 세계
이케가미 슌이치 지음 | 남지연 옮김 | 232쪽 | 15,000원
중세 유럽 사회의 주역이었던 기사!
때로는 군주와 신을 위해 용맹하고 과감하게 전투를 벌이고 때로는 우아한 풍류인으로서 궁정을 화려하게 장식했던 기사. 기사들은 과연 무엇을 위해 검을 들었는가, 지향하는 목표는 어디에 있었는가. 기사의 탄생에서 몰락까지, 역사의 드라마를 따라가며 그 진짜 모습을 파헤친다.

영국 사교계 가이드
무라카미 리코 지음 | 문성호 옮김 | 216쪽 | 15,000원
19세기 영국 사교계의 생생한 모습!
영국은 19세기 빅토리아 시대(1837~1901)에 번영의 정점에 달해 있었다. 당시에 많이 출간되었던 「에티켓 북」의 기술을 바탕으로, 빅토리아 시대 중류 여성들의 사교 생활을 알아보며 그 속마음까지 들여다본다.

판타지세계 용어사전
고타니 마리 지음 | 전홍식 옮김 | 200쪽 | 14,800원
판타지의 세계를 즐기는 가이드북!
우리가 알고 있는 대다수의 판타지 작품들은 기존의 신화나 민화, 역사적 사실 등을 바탕으로, 작가의 독특한 상상력을 더해 완성되었다. 『판타지세계 용어사전』은 판타지에 대한 이해를 돕는 용어들을 정리, 해설하고 있으며, 한국어판 특전으로 역자가 엄선한 한국 판타지 용어 해설집을 수록하고 있다.